Manuel Picoco

GLÜCK „einfach lernen"

Wie Du es mit einfachen Schritten schaffst,
Deine negativen Gedanken
in Glück zu verwandeln

© 2019 Manuel Picoco
Umschlag, Illustration: Manuel Picoco

Verlag & Druck: tredition GmbH, Halenreie 40-44, 22359 Hamburg

ISBN
Paperback   ISBN 978-3-7497-1557-2
Hardcover   ISBN 978-3-7497-1558-9
e-Book   ISBN 978-3-7497-1559-6

Inhalt

Einleitung

Das Thema oder der Zustand Glück beschäftigt die Menschen schon seit tausenden von Jahren. Es gibt viele Theorien dazu und viele Menschen die ihr halbes Leben damit verbracht haben, nach dem Glück zu suchen, oder diesem auf die „Schliche" zu kommen. Jeder Mensch wünscht sich glücklich zu sein, ob gut oder böse. Ja selbst die bösen Menschen tun Dinge deshalb, weil sie meinen die vermeidlich böse Handlung macht sie glücklicher. Denke an den Bankräuber, er raubt die Bank ja nicht deshalb aus, weil er anderen Menschen was Böses will, sondern nur für sich selber extrem viel von dem Guten. Solche Rechnungen gehen aber in der realen Welt niemals auf. Egal ob du nun gläubig, spirituell oder an gar nichts in der Richtung glaubst, so wird einem doch ganz schnell bewusst, zumindest habe ich noch nie davon gehört, dass diese Menschen glücklich sind und sich das Universum oder das Karma an ihnen recht. Wir kennen alle diesen alten Spruch „wer anderen eine Grube gräbt, fällt selbst hinein." Ich bin fest davon überzeugt, ob es nun eine Kraft ist die das lenkt, oder unser Gehirn unterbewusst steuert, so bekommt man immer das, was man in diese Welt trägt. Tust Du Gutes, kommt es zurück, tust Du Böses...

Es wurden auch viele Bücher zu dem Thema „Glück" geschrieben. Einige davon, sind auch meines Empfindens nach sehr, sehr gut. Mal wird sich mit diesem Thema wissenschaftlich, mal eher spirituell beschäftigt. Ich glaube, dass alles von dem richtig sein kann. Für jede Person gibt es einen speziellen Weg oder eine Erfahrung, die uns erfüllter machen kann.

Mein Ansatz in diesem Buch ist es, meine Definition von Glück in klaren, einfachen Worten für eine breite Masse leicht verständlich zu machen. Du wirst hier von Kapitel zu Kapitel durch verschiedene Erkenntnisse und Übung geführt, mit denen Du es schaffst, bewusster zu werden. Du hinterfragst Dich selber und wirst merken, wie einfach doch vieles sein kann. So unterschiedlich wie wir Menschen sind, so unterschiedlich sind auch die Möglichkeiten die zu Deinem Glück führen können. Für jeden gibt es einen anderen Weg. Der Anspruch in diesem Buch ist es nicht, dass Du alle Aufgaben und Ansätze mit Leidenschaft erfüllst, sondern nur diese, die absolut zu Dir passen. Höre dazu einfach auf Dein Bauchgefühl. Wenn Du merkst, Dir macht eine Aufgabe Spaß, dann bleibe einfach dran und vertiefe sie. Es geht nicht darum, viel Wissen über Glück anzuhäufen. Das Ziel in diesem Buch, und das war auch der einzige Grund warum ich es geschrieben habe, ist, Dich glücklicher zu machen. Selbst wenn nur eine Aussage oder Aufgabe dazu führt, dass Du glücklicher wirst, habe ich alles erreicht, was ich mir wünsche!

Kann man glücklich sein lernen? Das sagt ja auch zumindest mein Versprechen in diesem Buch aus. Ich sage ganz klar ja. Ich habe versucht verschiedene Erkenntnisse aus Wissenschaft, Gehirnforschung und jahrtausendalter buddhistischer Weisheiten so zusammen zu tragen, dass sie sich für Dich in einfacher Weise anwenden lassen. Glück ist eine Entscheidung, eine Entscheidung Deiner Einstellung und das wirst Du während des Lesens merken.

Nun wünsche ich Dir ganz viel Spaß beim Lesen und beim Ausprobieren und ich bin mir sicher, wenn Du am Ende dieses Buches angelangt bist, bist Du ein anderer, glücklicherer Mensch!

TEIL 1

Wie sieht Glück aus?

Warum solltest Du glücklich werden?

Seit vielen Jahren beschäftige ich mich mit diesem Thema und ich dachte mir immer, warum schaffen es andere scheinbar einfach und bei mir ist es eher so, also würde ich an einem sonnigen Sommertag auf den Eiswagen warten und als er dann wirklich kommt, bin ich natürlich der Letzte in der Schlange. Wie sollte es dann auch anders sein, die Sorte dich ich möchte ist aus. Der für mich damals scheinbar Glückliche hätte sich dann einfach über eine andere Sorte gefreut. Aber ich war dann eher so, dass ich mich dazu entschieden habe, mich jetzt sofort darüber zu ärgern.

Erst vor kurzer Zeit habe ich wirklich gelernt, was es eigentlich dafür braucht, um glücklich zu sein. Für mich war es wichtig, alle diese Erfahrungen zu machen, um dann letztendlich die Lösung für mich zu finden.

Meine Kindheit war sehr glücklich. Kinder sehen die Welt noch mit ganz anderen Augen. Sie haben Träume, die sie aber dann meist irgendwann aus den Augen verlieren. So ist das mit dem Erwachsen werden.

So ging es mir auch. Ich würde sagen, mir ging es nie schlecht, aber Glück war etwas anderes. Ich machte eine Ausbildung in einem Beruf, weil... Man musste ja eine Ausbildung haben. Meine Eltern waren natürlich glücklich damit, aber ich geriet auf einen Weg, den ich so eigentlich gar nicht gehen wollte.

Ich arbeitete 5 Tage die Woche und freute mich bereits montags schon wieder auf das Wochenende. Da konnte ich diesem tristen Job endlich entfliehen und ein wenig das machen, was ich wollte.

Irgendwann fand ich mich dann mit diesem Leben ab, in mir war aber etwas das mir sagte, vergeude deine Lebenszeit nicht mit Dingen die nicht deine Erfüllung sind.

Ich fing an Bücher zu lesen die mit Persönlichkeitsentwicklung zu tun hatten. Durch einen Freund kam ich dann zum NLP. Hier lernte ich, mich selber besser kennenzulernen und das wieder hervorzurufen, was seit der Kindheit in mir verborgen war. Ich hatte dann begriffen, was es braucht, das Glück in mir zu entfachen.

Ich glaube, wir alle haben eine Geschichte, wie wir das Glück glauben „verloren" zu haben, oder sehen uns sogar in der Opferrolle, gar nicht zu wissen was Glück ist, da wir noch nie in den Genuss kamen. Ist das wirklich so? Diese Frage kann man sich ganz oft selber stellen, wenn wir wieder anfangen, ein klein wenig zu übertreiben.

Wir haben es alle, wirklich alle verdient, glücklich zu sein, um so mit unserer vollen Kraft und Leidenschaft dieses Leben, unser einziges Leben, zu genießen.

Mit Glück in uns, machen wir uns, und diese Welt, ein kleines bisschen besser!

Stelle Dir vor, Du wachst morgen mit einem Lächeln im Gesicht auf, schaust aus dem Fenster und egal welches Wetter gerade ist, Du begreifst, dass das sowieso etwas ist, das Du nicht ändern kannst.

Wenn ich mir überlege, wie viele sinnlose Gespräche ich über das Wetter geführt habe, mit Menschen, die sich einfach nur mitteilen wollten. Menschen wollen gesehen werden und sie bekommen Beachtung wenn sie mal wieder

lauthals über etwas schimpfen. Sie fühlen sich danach gut, weil sie ja wahrgenommen wurden. Dies geht aber auch auf eine weitaus angenehmere und glücklichere Weise.
Zurück zu Deinem Morgen. Vielleicht machst Du nun kurz etwas, um Deinen Körper in Schwung zu bekommen, ein paar Dehnübungen, ein paar leichte Workout-Übungen oder etwas Gehirnjogging, so, dass das erste an diesem tollen morgen nicht Dein Handy, sondern Dein Körper und Du bist, mit dem Du Dich beschäftigst.

Wie viele Menschen kennst Du, von denen der erste Griff morgens zum Handy geht? Erst einmal checken, was in der Welt der Anderen los ist, über Facebook, Whatsapp, Instagram etc.

Du aber beschäftigst Dich erst einmal mit dem wichtigsten Menschen, mit Dir. Nach einer erfrischenden Dusche gehst Du nun in Deine Küche und bereitest Dein Frühstück vor. Ein Frühstück bei dem man schon vom Anblick her Energie bekommt. Was könnte das wohl sein. Ein Teller mit bunten, saftigen Obst? Ein Eiweißbrot mit Avocado bestrichen und dazu einen leckeren Tee oder Kaffee? Ein Power-Smoothie? Möglichkeiten gibt es tausende. Ich glaube wir wissen alle, was wirklich gut für uns wäre! Beim Frühstück hörst Du Deine Lieblingsmusik, die Dich bei jedem Song mitsingen lässt. Den Weg zur Arbeit nutzt Du um mit Deinen Liebsten zu telefonieren und wünschst ihnen einen schönen Tag. Bei der Arbeit angekommen, hast Du nun schon so viel Energie von diesem Morgen, dass Du alle Aufgaben mit absoluter Leidenschaft erledigst. Du hast Spaß dabei und Spaß mit Deinen Kollegen. Nach der Arbeit triffst Du Freunde oder treibst noch etwas Sport, so das Du abends ins Bett fällst und Dir denkst „Mensch das war doch ein richtig schöner Tag".

Das hört sich doch alles ganz einfach an, oder? Wie dabei schon schnell ersichtlich wird, ist Glück eine Entscheidung! Nein, nicht dieses Glück das Du eine Million im Lotto gewinnst und selbst wenn das so wäre, ist das noch kein Garant dafür, dass Du Dich wirklich glücklich fühlst. Auch da ist es eine Entscheidung, wie Du Dein Leben führst.

In diesem Kapitel schauen wir uns Glück ganz genau an. Warum sollte jeder Mensch glücklich sein und warum solltest auch Du das werden oder noch stärker in Dein Leben bringen? Du bekommst ein paar erste Ideen davon, wie Du Glück ganz einfach in Dein Leben integrieren kannst und wirst wahrscheinlich dabei merken, dass vieles sogar jetzt schon in Deinem Leben ist. Was Du dazu machen musst, sind oft nur ganz kleine Schritte, oder einfach ein paar kleine Gewohnheiten. Du wirst merken, dass es wirklich wichtig ist glücklich im Leben zu sein, um für Dich, aber auch für andere Menschen, Dein volles Potential zu entfalten.

Seit 2012 gibt es einen „World Happiness Report". Hier wird versucht anhand von verschiedenen Kriterien herauszufinden, in welchem Land die glücklichsten Menschen leben. 2019 waren wieder die nördlichen Länder an der Spitze, angeführt von Finnland. Wenn Dich die Ergebnisse und Kriterien im Einzelnen interessieren, schau einfach mal ins Internet, dort ist alles ausführlich beschrieben und daher möchte ich nicht weiter darauf eingehen. Viel interessanter ist aber, als ich von diesem Ergebnis hörte, war zufällig eine Holländerin bei mir. Holland hat den 5. Platz belegt. Tatsächlich habe ich diese Person auch immer als sehr glücklich wahrgenommen und ich ergriff die Chance mal zu fragen, was ihre Meinung dazu ist, warum die Holländer so glücklich sind. Übrigens, Deutschland belegte den 17. Platz. Nach kurzer Überlegung sagte sie mir, ich glaube wir haben hier mehr eine „Du – Kultur". Wo wir in Deutschland eher eine gewisse Distanz durch das „Sie" zu anderen Personen halten wollen, wird in Holland einfach viel entspannter damit umgegangen. Man öffnet sich eher und spricht mit fremden Personen so, als ob man mit einem Bekannten spricht. Ich glaube das macht das Zusammenleben einfacher und man baut weniger Barrieren auf. Was sie auch noch meinte war, dass sie das Gefühl hat, dass man in Holland einfach viel mehr Zeit mit Freunden verbringt und Dinge gemeinsam tut. Hier wird mehr von unserem Bindungshormon Oxytocin ausgestoßen. Später aber nochmal mehr zum Thema Freunde.

Was ist Glück überhaupt?

Wissenschaftlich gesehen ist Glück einfach nur ein chemischer Prozess in unserem Körper.
Da gibt es die Hormone Dopamin, Serotonin, Endorphine und Oxytocin. Wobei Dopamin und Endorphine durch Handlungen von uns selber zu einem vermehrten Ausstoß führen können und Serotonin und Oxytocin durch z. B. Kontakt zu anderen Menschen verstärkt werden können. Diese Hormone sind die Basis dafür, wie Du Dich fühlst. Nun musst Du also wissen, durch was Du einen erhöhten Ausstoß erreichen kannst.

Fangen wir mal mit Dopamin an. Unter erhöhten Dopamin-Ausschuss sind wir aufmerksamer, wir können z. B. besser lernen. Langfristig werden die Motivation und der Antrieb gesteigert. Wenn wir uns belohnen, zum Beispiel durch Deine Lieblingsmusik, Sport, Sex, Du Ziele erreichst, Du gehst „auf" bei Deiner Arbeit, dann wird dieses Hormon ausgeschüttet.

Die Endorphine werden bei positiven Erlebnissen ausgeschüttet. Bei Marathonläufern spricht man von einem „runners high" an dem Punkt, wenn sie vor Erschöpfung nicht mehr weiter laufen können, diese Phase aber überwinden. Sie kommen dann in eine Art Rauschzustand, wofür die Endorphine verantwortlich sind. Endorphine überdecken physische Schmerzen. Drogenkonsum sorgt dafür, dass dieses Hormon künstlich ausgeschüttet wird. Du kannst Dir das aber so vorstellen, als ob es einen gewissen Speicher an Endorphinen gibt, wenn dieser durch Drogenkonsum übermäßig ausgeschüttet wird, ist dieser Speicher leer und diese Menschen fallen anschließend in ein Loch und es kann auch zu Depressionen führen. Es gibt viele Dinge wie man dafür Sorge tragen kann, dass die Endorphine gesund ausgeschüttet werden. Sport oder Bewegung ist eine der Möglichkeiten, aber dazu später mehr.

Wenn Du Dinge für andere tust, Anerkennung gibst, oder selber bekommst, sind unter anderem Möglichkeiten um Serotonin auszustoßen. Menschen die sehr selbstbewusst sind, einen hohen Status genießen oder auch sehr stolz sind, sind meist auch etwas glücklicher durch den Serotonin-Ausstoß. Oft wird es auch das „Wohlfühlhormon" genannt.

Oxytocin, das Bindungshormon. Liebe, Vertrauen und Bindung stärken dieses Hormon. Selbst wenn Du einen Hund streichelst, schüttest Du dieses Hormon schon aus. Auch hier merkt man wieder wie intelligent unsere Welt, unser Körper doch ist. Durch dieses Hormon werden unsere Nachkommen gesichert, da Liebe dafür sorgt. Es geht auch um Zusammenhalten, Sicherheit und eine Gruppe zu schützen. Oxytocin sorgt dafür, dass Stress reduziert wird und Du Dich entspannter fühlst. Dadurch das es bei sozialen Bindungen, Berührungen und Sex ausgeschüttet wird, wir es auch oft als „Kuschelhormon" bezeichnet.

Was bedeutet Glück für Dich persönlich?

Ist es das schnelle Auto, das Haus, möchtest Du von anderen als wunderschön empfunden werden?

All diese Dinge haben mit unserem eigenen Ego zu tun und wir werden tagtäglich beeinflusst damit dieses noch größer wird.

Stelle Dir vor, Du hättest alles erreicht, was dieses Ego erreichen möchte. Wo wärst Du dann, was wäre dann Dein Wunsch?

Glück bedeutet für jeden etwas anderes, oder zumindest meinen die meisten zu wissen, was sie glücklich macht. Jedoch ist dieses Glück nicht von langer Dauer. Vielleicht hattest Du auch schon mal das Gefühl, Du müsstest etwas unbedingt kaufen und hast Dich so richtig darauf gefreut. Als Du es hattest, wie war das Gefühl nach ein bis zwei Tagen, oder einer Woche? Es war weg! Hat es Dich glücklich gemacht? Nur für einen Moment vielleicht.

Schaue Dir Stars an, wie James Belushi, Kurt Cobain, Robin Williams. Man meint doch, diese Menschen hatten alles. Sie hatten den Erfolg, das Geld, alle liebten sie... Und doch... Sie begannen Suizid. Es zeigt uns also, dass oft die Dinge, die die Mehrheit der Menschen als wichtig für das Glück bezeichnen würde, es wohl doch nicht sind.

Jim Carrey sagte dazu mal was sehr schönes:

Ich hoffe, dass jeder einmal reich werden kann und dann alles hat, sodass er erkennt, dass dies nicht die Antwort ist.

Alle Lehren vom Glück, die es schon seit Jahrtausenden gibt, sind sich in einer Sache einig. Sei zufrieden mit dem was Du hast.

Das heißt nicht, dass Du keine Ziele im Leben mehr haben sollst, aber erfreue Dich an den kleinen Dingen und mit der Zeit, werden dadurch große Dinge entstehen.

Werde Dir erst einmal bewusst darüber, was Glück eigentlich für Dich ist. Diese Übung ist sehr wichtig, da Du erst einmal herausfinden musst, wie Deine Ausgangssituation wirklich ist.

Was ist Glück für Dich?

Schreibe es auf und überlege was das über Dich aussagt.

_____

_____

_____

_____

_____

_____

_____

_____

_____

_____

_____

_____

_____

_____

_____

Wenn Du wieder mal in einer Situation bist, in der Du denkst, dass Konsum glücklich macht, dann stelle Dir selber die richtigen Fragen. Das sind die bekannten „W-Fragen" und könnten zum Beispiel wie folgt aussehen:

Was habe ich davon, wenn ich mir das kaufe?

Wozu brauche ich das wirklich?

Wie kann das zu meinem Glück beitragen?

Wie ist der beste Weg für mich?

Mit solchen Fragen beschäftigst Du Dein Unterbewusstsein und setzt Dich mal ganz anders damit auseinander. Vertraue auf Dein Unterbewusstsein, es wird Dir die beste Antwort geben!

Alles was Du tust, solltest Du zu 100% tun. Mit absoluter LEIDENSCHAFT! Leidenschaft ist der Schlüssel für viele Dinge, auf die wir aber später nochmal genauer eingehen.

Zeige mir Deine Freunde und ich sage Dir wer Du bist

1996 entdeckte Giacomo Rizzolatti, einer der bedeutendsten Hirnfoscher, mit seinem Team, durch einen Zufall die Spiegelneuronen. Eigentlich machten sie Tests an Schimpansen und wollten herausbekommen, wie das Säugerhirn Bewegungen plant. Sie schlossen dazu Elektroden an die Hirne der Affen an, genauer an den prämotorischen Cortex. Dieses Areal ist genau dafür verantwortlich, sprich für die Planung und den Anstoß von Handlungen. Die Affen sollten dazu nach verschiedenen Dingen greifen, um die Reaktionen zu messen. Als ein Mitarbeiter selber nach einer Nuss griff, passierte etwas Erstaunliches. Obwohl einer der Schimpansen nur zuschaute und nicht nach der Nuss griff, gab es genau in diesem Gehirnareal Aktivitäten. Es wurden also dieselben Nervenzellen aktiv, egal ob der Affe selber, oder ein Mitarbeiter zugriff. Damit wurde die Nervenzelle, die das Beobachtete spiegelt entdeckt. Die Forscher nannten sie „Spiegelneurone".

Das Miteinander von Menschen läuft im Gehirn auf mehreren Ebenen ab. Eine davon besetzen die Spiegelneuronen, indem sie eine beobachtete Handlung als solche registrieren und Aktionen anderer nachvollziehbar machen. Sie legen somit den Grundstein für ein soziales Miteinander.

Du kennst das wahrscheinlich auch. Du stehst in einem Raum und jemand völlig fremdes fängt an zu gähnen. Wie durch einen Impuls tust du gleiches nach. Du schaust einen Horrorfilm und musst zusammenzucken, wenn eine spannende, unerwartete Szene auftritt. Du fühlst mit!

Ich selber habe eine schöne Geschichte im Freundeskreis erlebt. Ein guter Freund lernte seine neue Freundin kennen. Wenn Du die beiden damals beobachtet hättest, wärst Du wahrscheinlich sofort zu dem Entschluss gekommen, die beiden haben absolut keinen Draht zueinander. Er kam aus einer etwas ländlichen Gegend und sprach auch einen Dialekt, der für diese Region typisch ist. Sie sprach Hochdeutsch. Er war jemand, der jeden Tag seine Wohnung aufräumte, alles musste immer exakt sein, sie hatte freitags Putztag. Es gab hundert Beispiele warum das mit den beiden nicht passte. Irgendwie haben sie es aber doch geschafft, ein Paar zu werden. Ich weiß, dass in der Zeit täglich die „Fetzen" geflogen sind.

Eine Zeitlang hatte ich dann keinen Kontakt mehr zu den beiden. Als ich sie nach einer Weile wiedertraf, traute ich meinen Augen und Ohren nicht. Der gleiche Kleidungsstil, ich hatte den Eindruck ihre Bewegungen sind auch ähnlich und leider absolut zum Nachteil von ihr... Sie sprach auf einmal den gleichen Dialekt wie er. Du wirst es wahrscheinlich nicht glauben, aber die beiden sind heute glücklich verheiratet und haben eine kleine süße Tochter.

Zum Teil sind dafür die Spiegelneuronen verantwortlich. Wir passen uns unserer Umwelt an. Du kennst es wahrscheinlich auch, jeder von uns hat wahrscheinlich so etwas schon einmal auf der Straße beobachtet. Ja... Es gibt sogar Hunde, die ihrem Herrchen oder Frauchen ähnlich sind.

Nun wird es spannend!

„Du bist der Durchschnitt der 5 Personen mit denen Du die meiste Zeit verbringst"
Jim Rohn

Es gibt die Behauptung, dass Du der Durchschnitt der fünf Personen bist, mit denen Du die meiste Zeit zu verbringst. Diese Aussage kannst Du selber am besten beantworten. Schaue Dir mal Dein Umfeld an. Deine Familie, Deine Freunde, Deine engsten Arbeitskollegen.

Wer sind diese fünf Menschen? Bist Du ihnen ähnlich? Wie sind sie? Sind sie positiv, glücklich oder erfolgreich, oder eher nicht?

„Sei niemals die klügste Person im Raum"
Michael Dell

Wenn Du die klügste Person im Raum bist, oder generell in Deinem Umfeld, so kannst Du nur sehr schwer „wachsen". Ähnlich ist es mit dem Glück. Wenn Du in Deinem Umfeld nur Menschen hast, die Dir die Energie entziehen, die unglücklich sind, zieht Dich das ebenso runter.

Vielleicht hattest Du in Deiner Jugend auch mal Liebeskummer?! Was hast Du getan? Hast Du Dir auch, wie die meisten anderen einen Schnulzsong angehört, der Dich noch trauriger gemacht hat?

So verhalten sich wirklich die meisten Menschen. Wenn es ihnen schlecht geht, tun sie Dinge, die die Situation noch schlimmer machen. Sie essen aus Frust, sie verstecken sich in ihrer Wohnung und, und, und...

Sie fallen immer weiter in dieses Loch. Jetzt stelle Dir vor, Du hättest Musik gehört die Dich fröhlich macht, Du wärst raus gegangen, hättest irgendwie Spaß gehabt und hättest Deinem Körper etwas Gutes getan...

Der Liebeskummer wäre vielleicht nicht weg gewesen, aber, er wäre leichter zu ertragen gewesen.

So ist das leider auch mit unseren, ich nenne sie mal „negativen Freunden". Du gleichst Dich ihnen an. Wirst selber negativ, unglücklich und kommst nicht voran.

Auch wenn das hart klingt, aber suche Dir ein Umfeld, das Dich motiviert, glücklich macht und es schafft, dass Du öfter lachst!

Wer sind Deine Vorbilder?

Stelle Dir vor, Du gibst eine Party und könntest einladen wen Du möchtest. Egal ob bereits tot, oder noch am leben.

Welche tollen Persönlichkeiten wären das?

1._____

2._____

3._____

4._____

5._____

6._____

7._____

8._____

9._____

10._____

Nun schreibe zu jeder Person auf, welche Eigenschaft sie hat, die Du so bewunderst.

1._____

2._____

3._____

4._____

5._____

6._____

7._____

8._____

9._____

10._____

Suche Dir drei Eigenschaften davon aus, von denen Du denkst: Wenn ich diese Eigenschaften hätte, dann wäre ich auch glücklich.

Eigenschaft Nummer 1:

_____

Eigenschaft Nummer 2:

_____

Eigenschaft Nummer 3:

_____

Wie weit auf einer Skala von 1 – 10 bist Du von dieser optimalen Eigenschaft entfernt, oder hast Du sie vielleicht sogar schon?

_____

1   2   3   4   5   6   7   8   9   10

Es ist nicht wichtig wie andere das sehen, sondern es ist einzig und allein wichtig, wie Du Dich gut fühlst.

Frage Dich nun, was müsste ich tun, um auf der Skala nur einen Punkt höher zu kommen? Was wären die nächsten kleinen Schritte dazu?

Ich werde_____

_____

_____

_____

_____

_____

_____

_____

_____

_____

Erfülle diese kleinen Schritte mit absoluter Leidenschaft!

Nimm diese drei Eigenschaften als kleinen Leitfaden für Dein Leben. Alles was Du tust, sollte dabei helfen, diese Eigenschaften zu erfüllen, oder zu verstärken.

„Durch die Leidenschaft lebt der Mensch, durch die Vernunft existiert er bloß."
Nicolas Chamfort

Die richtige Strategie

Es ist eine Entscheidung sich gut oder schlecht zu fühlen. Werde Dir darüber bewusst.

„An sich ist nichts weder gut noch böse, das
Denken macht es erst dazu."
William Shakespeare

Glaubst Du, man kann unglücklich sein lernen?
Kennst Du Menschen, die immer ein grimmiges Gesicht ziehen und schon morgens mit einen lauten stöhnen den Tag beginnen?
Ist das eine gute Voraussetzung?
Kennst Du Menschen, die immer mit einem Lachen durchs Leben gehen und sich auf den Tag freuen?
Beides ist eine Entscheidung!
Wir können lernen das Eine, oder das Andere zu tun.
Du kannst sagen, ist schief gelaufen, ich gebe auf und fühle mich schlecht. Oder Du sagst, es ist schief gelaufen, ich habe daraus gelernt und versuche es beim nächsten Mal besser zu machen.
Ja, es gibt diese Stimmen im Kopf, die Dir ständig sagen, tue dies oder das, das ist jetzt

aber nicht so gut... Und weißt Du was, sag zu dieser Stimme: F... you!!!

Ich bin jetzt gut drauf und freue mich!

Dies ist eine Strategie, die Du lernen musst.

Es geht hier nicht um positives Denken!

Ich persönlich bin auch eher vorsichtig mit solchen Aussagen. Wenn Dein Auto schmutzig ist, dann hilft es Dir auch nicht zu sagen: mein Auto ist sauber, mein Auto ist sauber, mein Auto ist sauber!

Dein Auto wird dadurch nicht sauberer, Du hast lediglich Deine Einstellung dazu geändert, die Dein Auto aber nicht unbedingt schöner macht.

Vielmehr geht es darum, uns positiv einzustellen und auch die negativen, schwierigen Aufgaben einfach zu meistern.

Lerne die „Stimmen" Deiner Selbstgespräche wahr zu nehmen und in die richtige Richtung zu lenken.

Sei doch mal ehrlich. Was bringt einem Frust? Nichts!!! Auch wenn mal etwas schief läuft, ist es immer einfacher das mit einem Lachen zu überstehen.

Nur Du selber bist Herr, oder Frau über Deine Gedanken. Und nur DU entscheidest heute wie

Du Dich fühlst. Nichts oder niemand anderes sollte das für Dich tun!

Was würdest Du tun, wenn es keine Grenzen geben würde? Beantworte diese Frage für Dich, aber pass gut auf, was Du antwortest!

_____

_____

_____

_____

_____

_____

_____

_____

_____

_____

Ich stellte diese Frage einem Freund und er antwortete mir folgendes: Ich möchte einen roten Ferrari fahren!

Daraufhin sagte ich, okay... Nehmen wir an, ich würde Dir einen roten Ferrari schenken, die einzige Bedingung ist, du musst ihn auf einer einsamen Insel fahren. Seine erste Antwort war ganz patzig: was soll ich denn auf einer einsamen Insel...

Du kannst Dir sein Gesicht dabei vorstellen.

War es wirklich der rote Ferrari den er wollte? Nein, er wollte Anerkennung von anderen Menschen, die so was sagten wie: Wow, schau dir ihn an, er hat es geschafft!
Und wieder die Frage: macht es jemanden glücklich, wenn andere von ihm behaupten, er habe es geschafft?

Die Geschichte vom Fischer und vom Millionär

Es begab sich, dass ein sehr reicher Mann Urlaub auf einer wunderschönen Südseeinsel machte. An einem strahlend schönen Tag schlenderte er über die Insel und genoss das Leben.
Er hörte die Geräusche der Tiere und des Meeres, das Zirpen der Grillen, das Zwitschern der bunten Vögel und das Rauschen des Meeres.
Während er über den sandigen Untergrund des Strandes scheinbar glückselig dahinschwebte und über die Weiten des Meeres blickte, entdeckte er einen Fischer der zufrieden in der Sonne lag und den Tag genoss.

Hallo Fischer, begrüßte ihn der Millionär. *Was machst du hier?*

Ich liege in der Sonne und genieße den Tag.
Weißt du, ich habe gestern so viele Fische gefangen, dass ich heute faul in der Sonne liegen kann, antwortete der Fischer.

Aber, sagte der Millionär, *ich verstehe nicht! Wenn du heute ausgefahren wärest, dann könntest du noch viel mehr Fische fangen und eine Menge Geld verdienen.*

Und was habe ich davon, fragte der Fischer. *Na ja,* meinte der Millionär.

Mit dem Geld könnest du dir ein größeres Boot kaufen und noch mehr Fische fangen und noch mehr Geld verdienen!

Und was habe ich davon, fragte der Fischer erneut. *Mit dem vielen Geld, das du dann verdienst könntest du eine Fischfabrik aufbauen und dann bist du reich!!!*

Ja und was mach ich dann mit dem vielen Geld, fragte der Fischer.

Na, ja dann könntest du Urlaub machen auf einer wunderschönen Insel, das Leben genießen und in der Sonne liegen, antwortete der Millionär.

Woraufhin der Fischer verschmitzt lächelte und meinte: *Ja was glaubst du denn, was ich gerade tue?!*

TEIL II

Der Weg zum Glück

Was kannst Du täglich tun, um glücklich zu werden?

„Es gibt nur zwei Arten zu leben. Entweder so, als wäre nichts ein Wunder oder so, als wäre alles ein Wunder.“
Albert Einstein

Was hat dieser verdammt schlaue Mensch wohl mit dieser Aussage gemeint? Kinder haben es noch in sich, nur wir, haben es oft leider verloren. Aber! Es gibt Hoffnung!
Wir können lernen die Welt wieder mit den Augen der Kinder zu sehen. Einstein hatte die Gabe das Schöne, das Wunder in allem zu sehen. Mache Dir doch mal Gedanken darüber, wie wahnsinnig spannend und oft für den menschlichen Geist gar nicht begreifbar unsere Welt doch ist.
Die Skeptiker unter uns sagen nun: Wieso gibt es dann Krieg, Hunger etc. auf unserer Welt?
Ich behaupte, wir haben die beste Welt, die wir je hatten. Noch vor ein paar hundert Jahren wärst Du wahrscheinlich in einer Bar erschossen worden, wenn Du einen dummen Kommentar zu einer anderen Person gemacht

hättest. Wir haben ein Dach über dem Kopf, noch nie sind die Menschen so alt wie heute geworden. Wir haben die Freiheit jeden Beruf auszuüben den wir möchten und können unsere freie Meinung äußern. Du verstehst was ich meine.

Natürlich können wir vieles noch besser machen und das werden wir auch. Aber ich glaube die Menschheit ist auf einem guten Weg.

WIR, mit unserer Einstellung, können einen kleinen Schritt dazu beitragen.

Glückstagebuch

Oft ist es so, dass wir nur die schlechten Dinge im Leben sehen, die entweder bei uns oder anderen passieren. Wenn ich Dich nun frage, was hast Du heute schon alles für tolle Dinge erlebt? Viele hätten damit schon ein Problem.
Fange an, jeden Abend, bevor Du zu Bett gehst, kurz aufzuschreiben, was an dem Tag alles gut war. Es ist wichtig, dass Du es aufschreibst!

Ich selber habe es mir immer sehr schwer mit solchen Aufgaben getan. Während ich ein gutes Buch lass und dann mittendrin aufgeforderte wurde irgendwelche Dinge aufzuschreiben. Für mich war es sehr lästig. Ich wollte doch einfach nur lesen und alles was da so stand, müsste doch auch funktionieren, wenn ich es einfach nur in mich aufnehmen würde. Nein, so ist es leider nicht! Diese Erfahrung musste ich auch schon mehrmals machen.
Wir müssen ins TUN kommen! Beim Schreiben setzen wir uns noch einmal ganz anders mit uns selber auseinander. Wir lernen oft neue Dinge über uns und es geht tief in unser Unterbewusstsein und dort muss es sein, damit es ein Teil von uns wird.

Also, schreibe es in Dein Glückstagebuch, oder nutze eine App auf dem Handy. Es ist völlig egal wo, aber Du musst es aufschreiben.

Es wird Dir damit bewusster und es hat einen wahnsinnig tollen Effekt. Du wirst sehen, dass Du Dich nach wenigen Wochen positiv veränderst. Dein Unterbewusstsein kalibriert sich neu. Du kannst dort kleine Dinge aufschreiben, wie z. B. heute hat mich ein Kind angelächelt. Das Essen hat heute wahnsinnig gut geschmeckt. Ich habe mich heute mit Freunden getroffen. Alles ist möglich!

Ich schlage vor, dass Du jeden Abend mindestens fünf Dinge aufschreibst, die an diesem Tag schön waren. Und mal ehrlich...

Wie lange brauchst Du dafür? Zwei Minuten! Also los!!!

Das Geschenk für meine wichtigsten Menschen

„Gib Liebe, und Du bekommst Liebe"
Manuel Picoco

Hast Du schon einmal was von dem Gesetz der Resonanz gehört? Es wird auch als Gesetz der Anziehung bezeichnet. Hier Gilt die Annahme, das Gleiches auch wiederrum Gleiches anzieht.

Schau Dir großartige, erfolgreiche Menschen an, wie z. B. Bill Gates, der 90% seines Vermögens spendet. Ähnlich macht es ein Warren Buffet. Sie haben erkannt, das Geben glücklicher denn Nehmen ist. Es macht uns Menschen glücklich, anderen etwas Gutes zu tun. Es muss natürlich nicht immer Geld sein.
Es kann die ungeteilte Aufmerksamkeit für Deinen Partner/in sein, der Besuch bei Deinen Verwandten, die Unterstützung bei einem Problem oder einfach ein kleines Geschenk.
Hier sind keine Grenzen gesetzt, die Möglichkeiten sind unendlich.

Erstelle Dir nun eine Liste. Schreibe es wieder auf!

Wer sind die Menschen in Deinem Leben, es können Familienangehörige, Partner, Freunde, Arbeitskollegen oder wer auch immer sein.
Schreibe neben diese Person eine kreative Idee, die der Person zeigt, dass sie Dir wichtig ist. Am besten schreibst Du Dir auch gleich dahinter, bis wann Du diesen Punkt erfüllt haben möchtest.

Person:_____ Geschenk:_____

Person:_____ Geschenk:_____

Person:_____ Geschenk:_____

Person:_____ Geschenk:_____

Person:_____ Geschenk:_____

Person:_____ Geschenk:_____

Person:_____ Geschenk:_____

Person:_____ Geschenk:_____

Dann geht's los, schenke und schaue was passiert. Ich bin überzeugt davon, dass Du auch gleich in irgendeiner Art auch beschenkt wirst. Und sei es das Lächeln der Person.

Pass auf was Du denkst

Unsere Gedanken sind oft unser größter Gegner. Sie wollen dass alles so bleibt wie es ist, da Veränderung sehr anstrengend ist.

Woher kommt das? Gehen wir mal etwas zurück in der Zeit, in die Steinzeit. Wenn Dir dort ein Säbelzahntiger über den Weg gelaufen wäre, hättest Du schnell handeln müssen. Impulsiv reagieren müssen. Der Denkprozess kostet den Körper sehr viel Energie, Energie die für wichtigere Dinge gebraucht wurde, wie z. B. das Weglaufen vor einem Säbelzahntiger.

Über den Tag „laufen" wir bei Routinearbeiten nur auf Autopilot, es bedarf einfach keinem großen Energiebedarf durch das Gehirn. Deshalb fühlt man sich auch in seiner Komfortzone so wohl. Alles was nun neu oder anstrengend ist, begründet unser Verstand erst einmal mit vielen Ausreden, warum man es nicht tun sollte. Das gilt es zu überlisten.

Ist es denn wirklich anstrengend bewusst glücklich zu sein? Das Gehirn sieht es anfangs als unnötige Energie die verschwendet wird, da es gerne in den Routineaufgaben bleibt.

Entscheide Dich bewusst dafür, glücklich zu sein und nimm das Gefühl aus dem Unterbewusstsein war, dass Dich tief in Deinem Inneren wissen lässt, das Glück der einzig richtige Weg ist. Wenn sich Dein bewusster Verstand dann wieder meldet und sagt: „Hey, das geht jetzt aber nicht!" Dann?
Was würdest Du einem guten Freund sagen, der Dir diese Botschaft übermitteln würde?

Du selber entscheidest welche Gedanken Du zulässt und welche nicht, auch wenn das Wahrnehmen anfangs mehr Energie kostet, so wird es sich für Dich lohnen.

Von daher – pass auf was Du denkst. Es könnte Dich glücklich machen!

Fokus

Sei im Jetzt!

Schau Dir kleine Kinder an, die im Sandkasten spielen. Sie sind absolut in diesem Moment. Bei dem Sand in ihrem Spiel. Sie interessiert in diesem Moment nicht was gestern war, welche Rechnung noch zu zahlen ist, wann sie beim nächsten Termin sein müssen. Sie tun einfach das, was sie gerade tun zu 100%.
Diese Leidenschaft für den Moment, für das Jetzt, macht glücklich. Egal was es ist, einfach das zu tun, was ich gerade mache. Wenn sie gerade im Sand spielen, bringt es dann in diesem Moment überhaupt was über die noch offene Rechnung nachzudenken?
Dann ist man vielleicht zu 50% bei der Rechnung und zu 50% bei dem Sand. Glaubst Du, dass Du Aufgaben die Du zu 50% erledigst, gut machst?
NEIN, dass tust Du nicht!
Von daher lebe immer in dem Moment, in dem Du gerade bist. Es ist so einfach und für viele doch so schwer.

Aus dem Zen-Buddhismus kommt ein Erlebnis das als Satori bezeichnet wird.

Satori ist ein Erlebnis der Erleuchtung. Dazu benötigt man ein ganz klares, tiefes Bewusstsein, dass dazu führt das man eine tiefe Einsicht in die Welt mit ihrer Natur und allem Leben findet.

Vereinfacht gesagt bedeutet diese Lehre so etwas wie, dass wir wirklich reines Glück und Bewusstsein erfahren, wenn wir absolut im Moment, also im Jetzt sind.

Es ist nicht einfach immer all diese Stimmen aus dem Kopf zu überhören und nur die eine Sache zu machen. Aber auch hier gilt, bewusstes Üben.

Vielleicht wirst auch Du, wenn Du alles was Du tust mit absoluter Leidenschaft erfüllst, und es gerade nur um Dich und diese Sache geht, Satori erfahren.

Meditation kann ein Schritt auf dieser Reise sein. Mittlerweile zahlreiche Forschungen haben gezeigt, dass Meditation nicht nur was für asiatische Mönche ist. Meditation lindert Stress und hilft uns im Alltag gelassener und souveräner mit Situationen umzugehen.

Es ist fast schon zum Trend geworden – Top Manager, Hausfrauen/-männer oder einfach nur köperbewusste Menschen nutzen mittlerweile die Meditation.

Ich selber hatte das Glück, Meditation bei einem Shaolin Mönchen zu lernen. Wobei ich aber dazu sagen muss, dass das nicht nötig ist.

Jeder kann es! Im Prinzip geht es nur darum die Gedanken „fliegen" zu lassen und bei sich zu sein.

Dafür findest Du eine für Dich angenehme Position, im Liegen, im Sitzen... Schließt die Augen, atmest tief ein und aus und konzentrierst Dich nur auf Deinen Atem.

Natürlich kommen anfangs Gedanken. Das ist auch okay. Lass sie einfach ziehen. Mit der Zeit werden es immer weniger werden und Du bist einfach nur bei Dir.

Mache es zu einem festen, täglichen Bestandteil. Z. B. immer nach dem Duschen. So wird es zur Routine und normal für Dich.

Für den Anfang reicht es, 10 – 15 Minuten zu meditieren. Aber auch die Zeit wird nach einer Weile keine Rolle mehr spielen.

Du wirst in Alltagssituationen merken, wie Du einfach viel fokussierter und dadurch glücklicher und erfolgreicher sein wirst. Nur 15 Minuten, die Dein Leben besser machen können. Die sind es doch Wert oder?

Üben, üben, üben...
Wobei „üben" hier wohl das falsche Wort ist.
Wir haben gelernt, dass uns die Dinge Spaß machen sollen und wir sie mit Leidenschaft erledigen sollen.
Also müsste es einfach heißen: Tue diese Dinge!
Es hat wohl mehr damit zu tun, dass Du einfache Dinge in Dein Leben integrieren musst.

Ja, Bewusstsein muss man schon auf eine Art üben. Vera F. Birkenbihl hat das Bewusstsein mit einer Autobahn verglichen.
11km zu 15mm. Wobei das Unterbewusste für die 11km steht und das Bewusste für die 15mm.

Wie bereits erwähnt, laufen die meisten Prozesse bei uns unterbewusst, quasi auf Autopilot ab. Und das ist auch gut so. Das bewusste Denken verbraucht Energie. Wichtige Energie, die wir für die wichtigen Aufgaben brauchen. Wenn Du es aber nun schaffst, deinen Fokus gezielt und bewusst auf andere Dinge zu richten, die sonst nur unterbewusst wahrgenommen werden, bekommst Du eine neue Sicht der Dinge. Von daher sind wir doch wieder beim Üben. Nimm Dir jeden Tag etwas Zeit dafür, bewusst die beschriebenen Punkte wahrzunehmen, bzw. zu üben.

Das Date mit Dir

Oft ist es so, dass wir mit uns selber sehr hart umgehen – Meine Beine sind zu Dick, meine Haare gefallen mir nicht, andere sind viel intelligenter als ich, etc.

Nun verrate mir mal, wie soll Dich jemand anders mögen, wenn Du Dich selber nicht magst?

Wenn wir uns selber lieben, mit uns zufrieden sind, uns gut finden, schön finden, einzigartig finden, dann werden das auch andere tun.

Stelle Dich jeden Tag vor den Spiegel, am besten morgens nach dem Aufstehen und sage dieser Person dort im Spiegel was Du alles toll an ihr findest. Und glaube mir, es gibt so viel Tolles und einzigartiges an Dir. Finde es für Dich heraus und sage es Dir immer wieder.

Dadurch veränderst Du Dein „Mindset". Du programmierst Dich um, auf das Schöne im Leben und wirst dieses auch ausstrahlen.

Es ist der absolute Wahnsinn, was das mit anderen Menschen macht. Du wirst sie durch Deine neue positive Art wie einen Magneten anziehen. Ja, selbst kleine, noch so einfache Dinge, können manchmal das große Glück bringen.

Ich selber konnte diese Erfahrung auch schon machen, als ich angefangen habe, diese Methode anzuwenden.
Es ging mir zu dieser Zeit, wie soll ich sagen... Ich war in meinem derzeitigen Lebenszyklus gerade wohl eher auf dem Tiefstand. Anfangs viel es mir sehr schwer.

Ich stellte mich vor den Spiegel und sagte so was wie: ich sehe toll aus, ich habe volles Haar, ich habe gut trainierte Arme...

Nach ein paar Tagen brach das Eis mit dem Mann im Spiegel und mir etwas mehr und ich sagte: alle meine Freunde mögen mich, ich bin der beste Zuhörer auf der Welt...

Bis er mir dann richtig sympathisch wurde und ich sagte: ich bin schön, ich bin intelligent, ich bin reich, erfolgreich, ich habe das größte Glück auf der Welt...

Du sagst jetzt völlig übertrieben?! Ja vielleicht, aber tue einfach so, als hättest Du den Maximal-Zustand dessen erreicht, was für Dich das Größte ist. Niemand sieht Dir dabei zu und die Veränderung ist unglaublich. Ich weiß nicht ob es daran lag, aber in dieser Zeit, wurde mir eine

Beförderung angeboten, ich habe eine neue Frau kennengelernt und ich hatte das Gefühl, meine Freunde wollten sehr gerne ihre Zeit mit mir verbringen.

Es brachte und bringt mir immer noch, eine positive Haltung. JA, ich liebe mich selber.

Und was macht man mit Personen die man liebt? Man DATET sie!

Überstunden auf der Arbeit, die Wohnung muss sauber sein, ich muss noch dringend...

Für alles muss Zeit da sein! Nur... Für Dich? Wir bleiben meistens auf der Strecke. Den ganzen Tag machen wir Termine und haben Verpflichtungen. Jetzt ist es Zeit für den Termin mit Dir selber!

Nehme Dir jeden Tag ein bisschen Zeit, in der es nur um Dich geht. Nimm Dir diese Zeit für zum Beispiel Meditation, einen Spaziergang, ein gutes Buch, bilde Dich weiter... Alles ist erlaubt. Es sollte wirklich nur um Dich gehen. Komm in dieser Zeit runter und tanke neue Kraft.

Ich höre oft von Menschen, meist sogar auch von Selbstständigen die eine Firma leiten müssen, ich kann keinen Urlaub machen, das Geschäft muss weiter laufen. Ich sage dann immer: „Weißt Du, die Welt dreht sich auch ohne Dich weiter." Es ist alles eine Frage der Organisation und wenn diese Menschen dann doch mal den Schritt gehen und Urlaub machen, kommen sie mit so einer „neu getankten Kraft" wieder, dass das Geschäft noch besser läuft und man von dieser Auszeit profitiert.

Nimm Dir jeden Tag diese Auszeit. Blocke Dir Zeit im Kalender oder lass Dich vom Smartphone erinnern. Genieße diese Zeit, in der es NUR um Dich geht!

Stelle Dir einen top Manager vor. Dieses typische Bild von einem Mann der sein Leben nur der Arbeit widmet. Ein Bekannter von mir war solch ein typischer Manager. Von außen betrachtet hatte dieser Mensch und somit auch seine Familie alles. Das tolle Haus, zwei schicke Autos, sie fuhren regelmäßig in tolle Urlaube und das Familienleben schien auch zu stimmen. Bis auf die Tatsache, dass wenn sie nicht im Urlaub waren, dieser Top Manager fast 15 Stunden mit seiner Arbeit verbrachte. Man muss dazu sagen, diese Arbeit machte ihm auch wirklich Spaß, es war schon so, dass es eine Art Leidenschaft für ihn war. Ich bekam mal ein Gespräch zwischen ihm und einem anderen Familienmitglied mit, in dem er die Frage gestellt bekam: „wofür machst du das eigentlich alles?". Er antwortete: „Damit es meinen Kindern später mal besser geht."

Eine sehr edle und wahrhaftige schöne Aussage, aber sich selber hatte er in diesem Plan nicht wirklich berücksichtigt. Wenn man sein Leben lang nur für die Arbeit lebt, leiden irgendwann andere Dinge darunter. Nach 17 Jahren Ehe, drei Kindern und maßlosen vielen Stunden im Büro, fing nun langsam die Ehe an zu bröckeln. Sie waren beide nicht mehr zufrieden, weil sie sich einfach nicht gemeinsam entwickelten, sondern jeder in seine eigene Richtung. Diese einseitige Leidenschaft für den Job und dabei die Balance zum Familienleben, Freunden und sich selber zu verlieren, führte dazu, dass sein Körper sich wehrte. Er wurde krank. Er wurde so schlimm krank, dass ihm auch leider niemand mehr helfen konnte. Er starb mit 46 Jahren an Krebs.

Zeichen wahrnehmen und am besten nicht erst dann die „Reißleine" ziehen, wenn es zu spät ist, sondern versuchen... NEIN, nicht versuchen! MACHEN! Sein Leben eigenständig und selbstbestimmt in Balance zu halten und so dem Glück eine Chance zu geben.

Beginne zu leben!
Es nützt nichts,
der fleißigste Mensch
auf dem Friedhof zu sein
Autor unbekannt

Genieße!

Wir haben es verlernt zu genießen. Wenn wir es dann doch mal tun, dann muss es meist was ganz besonderes sein. Selbstreflektion hilft uns hier, das Leben mit anderen Augen zu sehen. Als ich ein Seminar bei einem Shaolin Mönch besuchte, versuchte er mir in der Mittagspause zu erklären, ich solle bevor ich mit dem Essen anfange, es erst einmal schätzen. Nicht gleich herunterschlingen. Es sei nicht selbstverständlich!
Ehrlich gesagt wusste ich in dem Moment nicht was er meint. Ich habe später ein schönes Beispiel gehört und danach nochmal recherchiert, ob es wirklich so ist.

Schau Dir Deinen Obstkorb an. Vielleicht hast Du da ein paar Orangen drin liegen?! Das Kilo für vielleicht 2,60 Euro. Ich muss gerade daran denken, wie ich in ein saftiges Orangenstück hineinbeiße... Mir läuft gerade das Wasser im Mund zusammen.
Eigentlich ja ein ganz normaler Vorgang, selbstverständlich! Weißt Du, was die Orange für einen Weg hinter sich hat, damit sie bei Dir so selbstverständlich im Obstkorb landen kann?

Oft kommen sie aus Brasilien. Dort werden sie von Hand gepflückt. Gerade mal 10 Euro verdient ein Pflücker am Tag, wenn er es schafft zwei Tonnen zu ernten (laut CIR-Studie). So kommt er bei einer guten Ernte auf gerade mal 300 Euro im Monat, was selbst für brasilianische Verhältnisse sehr wenig ist.

Nachdem die Orangen nun gepflückt wurden, kommen sie in einen Sortierbetrieb. Dort werden sie gewaschen und nach verschiedenen Bereichen sortiert. Sie werden dann an den Verladehafen gebracht und von dort treten sie nun die 12.000 km lange Reise nach Europa an. In die Häfen von Rotterdam oder Gent. Und schließlich dann über die verschiedenen Industriebetriebe zum Einzelhandel. Diese Zusammenfassung ist schon stark gekürzt.

Aber ich glaube Dir wird nun ganz schnell klar, welcher Aufwand hier betrieben wird, für Dinge die wir oft als selbstverständlich sehen.

Leider ist es dann auch noch oft so, dass die Menschen, die die härtesten Bedingungen und die meiste Arbeit damit haben, am wenigsten belohnt werden. Denke also vor Deinem nächsten Biss in die Orange, wie toll es doch ist, dass Du in der Lage bist, dass so zu genießen.

Aus klein wird groß

Wer sich über kleine Dinge freuen kann, kann das natürlich auch im Großen. Müssen es immer die großen Dinge sein, über die man sich freut? Wenn Du nicht bereit bist, kleine Dinge zu tun, wie sollst Du es dann schaffen, große Dinge zu erreichen. Glück im Außen ist nur möglich, wenn ich es im innen auch annehme und zulasse. Wenn wir es lernen, bzw. es schaffen es uns bewusst zu machen, wie toll solch, oft kleine, unbewussten Dinge, wie z. B. die Orange doch sind, programmieren wir uns auf „Glück". Wir fangen an die Welt mit anderen Augen zu sehen. Es ist so einfach uns über kleine Dinge zu freuen. Du hast als kleines Baby mal angefangen Deine ersten Schritte zu machen. Die waren natürlich etwas holprig und Du bist oft gefallen, immer wieder hast Du es erneut versucht. Wozu hat es geführt? Du kannst heute einen Marathon laufen.

Lernst Du es, Dich über die kleinen Dinge zu freuen, kleines Glück zu empfinden, so wird unweigerlich das große Glück – Schritt für Schritt – folgen!

Schreibe nun 100 Glücksmomente aus Deinem Leben auf. Sie sollen und können noch so banal sein, vielleicht so was wie – eingeschult worden, das erste Mal das Meer gesehen, mein erster Kuss...

Schreibe sie auf und werde Dir bewusst, wie viele schöne glückliche Momente Du bereits in Deinem Leben hattest. Es wird Dir dabei helfen, in Zukunft wieder die kleinen Dinge zu schätzen und zu genießen. Und was haben wir gesagt? Wenn Du es im Kleinen schaffst, wird es auch im Großen geschehen!

Meine 100 Glücksmomente:

_____

_____

_____

_____

_____

_____

_____

_____

_____

_____

_____

_____

Lachen lernen

Außen wie Innen und Innen wie Außen:

Die Energie folgt der Aufmerksamkeit! Stelle Dich mal hin, lass den Kopf und die Arme hängen, ziehe eine böse Miene und sage laut: mir geht es gut, ich bin total glücklich.
Sage es öfter und bleibe in dieser Position. Was spürst Du? Füllst Du Dich gut?

Nun stelle Dich auf, Brust raus, ein Lachen in Dein Gesicht und sage: Mir geht es so schlecht, ich bin total mies drauf. Was fühlst Du nun? Wenn du Deinen Körper so „aufstellst" und dabei von Außen alles so tust, als würde es Dir gut gehen, geht das auf Dein Innen über.
Fühlst Du Dich schlecht, dann verändere Deinen Körper und deine Energie wird folgen. Was auch sehr gut funktioniert, wenn Du mal echt schlecht drauf bist: schaue in den Spiegel und lache. Halte dieses Lachen mindestens eine Minute. Deine Energie wird folgen!
Du solltest das öfter am Tag machen. Tue so als ob... Du glücklich bist, gut gelaunt bist, Dich super fühlst, voller Kraft bist und, und, und...

Tue mal so als ob Du der glücklichste Mensch auf der Welt bist. Die Energie wird dem folgen. Probiere es einfach mal aus.

Tests haben gezeigt...

Dazu ein interessanter Bericht aus der „Welt":
Körperliche Empfindungen ändern unser Verhalten. Bleistiftkauen beispielsweise macht fröhlich – sagen Psychologen. Und geben dem Phänomen einen Namen.
Ein Bleistift im Mund macht fröhlich.
Das Stehen auf einem Podest stimmt milde. Ein bitterer Geschmack im Mund geht mit einer strengeren Beurteilung des Verhaltens
anderer einher. Klingt weit hergeholt?
Ist es aber nicht: All diese Zusammenhänge haben Psychologen in Studien beobachtet.
Sogar einen Namen haben sie dem Phänomen gegeben: Embodiment, was so viel heißt wie Verkörperung. „Im Grunde genommen wissen wir schon lange, dass Gefühle und andere mentale Vorgänge durch körperliche Empfindungen beeinflusst werden", sagt der Psychologe Lawrence Sanna von der University of North Carolina in Chapel Hill. „Aber erst in jüngster Zeit werden diese Vorgänge im Detail untersucht." Erste Ergebnisse stammen aus dem

Jahr 1988. Damals führte der Sozialpsychologe Fritz Strack an der Universität Mannheim ein inzwischen klassisches Experiment durch: Er ließ Probanden einen Bleistift quer in den Mund nehmen. Dadurch hoben sich automatisch und unbewusst ihre Mundwinkel - mit einem verblüffenden Effekt: Die Probanden fanden eine Reihe von Cartoons mit Stift im Mund deutlich lustiger als ohne. Allein das unbewusste Lächeln versetzte die Probanden also in eine fröhlichere Stimmung.

„Weitere Untersuchungen aus den 90er Jahren haben dann gezeigt, dass sowohl die Mimik als auch die Körperhaltung beeinflussen, wie man sich fühlt und wie man sich selbst sieht", sagt Sascha Topolinski, Psychologe an der Universität Würzburg. „Dies wird auch bereits häufig in psychologischen Coachings oder in der Körperpsychotherapie genutzt."

Hier lernen die Teilnehmer, ihre eigene Körperhaltung und Mimik bewusst zu beobachten und anschließend zu verändern.

„Zum Beispiel strahlt jemand mit einer aufrechten Körperhaltung mehr Selbstbewusstsein aus und fühlt sich tatsächlich auch deutlich selbstsicherer als jemand, der eher zusammengekauert dasitzt", erläutert Topolinski. Embodiment spielt auch bei der

Bewertung von menschlichen Eigenschaften oder Moralvorstellungen eine Rolle. So ist jemand, der eine warme Tasse in der Hand hält, freundlicher zu seinen Mitmenschen - hier besteht also offenbar ein Zusammenhang zwischen der körperlich gefühlten Wärme und dem abstrakten Konzept davon. Gleiches gilt für das „reine Gewissen": Sollen sich Probanden an vergangene moralische Vergehen erinnern, benutzen sie mehr Desinfektionstücher - so, als ob sie sich damit das Schuldgefühl von den Händen waschen wollten. Einige Beobachtungen wirken regelrecht skurril. Eine aktuelle Untersuchung von Lawrence Sanna und seinem Team etwa ergab, dass Menschen, die eine Rolltreppe nach oben fahren, mehr Mitgefühl zeigen und mehr spenden als diejenigen, die sich nach unten bewegen. „In diesem Fall symbolisiert die erhöhte Position so etwas wie Tugendhaftigkeit", erläutert Sanna. „Höhe scheint in vielen Kulturen eine Metapher für moralische Güte zu sein - man denke nur an Gott 'oben im Himmel' und den Teufel 'unten in der Hölle'." Doch wie kommt diese enge Verknüpfung von Körperlichem und Abstraktem zustande? Verantwortlich dafür ist möglicherweise die grundlegende Arbeitsweise des Gehirns: Für die Wahrnehmung der Welt nutzt es Konzepte und Vorstellungen von konkreten Gegenständen - und um die erzeugen zu können, scheint es körperliche Rückmeldungen zu benötigen. Topolinski nennt ein Beispiel: „Forschungsergebnisse weisen darauf hin, dass die Vorstellung davon, was eine Tasse ist, bei Kindern erst dadurch entsteht, dass sie eine Reihe von Tassen ansehen, anfassen und benutzen. Und wenn jemand später an eine Kaffeetasse denkt, werden immer auch die Gebiete im Gehirn aktiv, die für Greifen zuständig sind."

Auch abstrakte Begriffe wie „Macht" oder „Warmherzigkeit" scheinen sich für das Gehirn aus solchen sensorischen Erfahrungen in der frühen Kindheit abzuleiten. Embodiment ist demnach ein universelles Phänomen, das jeden Bereich des Lebens durchzieht. Nutzen könnte man es beispielsweise für eine effektivere Werbung, glaubt Topolinski. So wird ein Markenname offenbar vor allem deshalb als vertraut eingestuft, weil man ihn beim Hören unbewusst mit den Lippen nachformt. „Fällt dieser Effekt weg, zum Beispiel, weil die Leute im Kino Popcorn essen, ist die Erinnerung an den Produktnamen später deutlich schlechter", illustriert er. Einen weiteres überraschendes Phänomen hat der Würzburger Forscher in einer Untersuchung zur Handy-Nutzung beobachtet: Hier gaben die Probanden auf der Tastatur Telefonnummern ein, die als SMS getippt Wörter wie „Liebe" oder „Leiche" ergeben.

Hinterher beurteilten sie Nummern, die positive Wörter ergaben, als deutlich angenehmer - und das, obwohl ihnen der Zusammenhang nicht bewusst war. „Demnach sollte jeder Geschäftsinhaber genau darauf achten, welche Telefonnummer er sich zulegt", folgert Topolinski. Welches Potenzial das Embodiment tatsächlich hat, ist bisher allerdings unklar. Denn das Wissen darüber stammt zurzeit vor allem aus einer Sammlung von Einzelergebnissen. Nötig wäre jedoch ein allgemeineres Verständnis, sagt der Psychologe. „Dabei geht es um die Frage, welche psychologischen Prozesse bei Embodiment eine Rolle spielen und welche Vorgänge im Gehirn zur Bildung eines abstrakten Begriffes notwendig sind", erläutert er.

Was passiert zum Beispiel, wenn bestimmte Muskeln kurzfristig durch das Nervengift Botox gelähmt sind? Werden dann beim Gedanken an einen Gegenstand oder eine Bewegung noch die gleichen Areale im Gehirn aktiviert? Und welche Auswirkungen hat eine dauerhafte Lähmung?

Solche Fragen wollen Topolinski und sein Mentor Fritz Strack als nächstes untersuchen. Erste Hinweise auf einen Effekt von Anti-Falten-Behandlungen per Botox gibt es bereits: US-Forscher konnten nachweisen, dass Frauen nach einer solchen Behandlung emotionale Untertöne in Gesprächen nicht mehr so gut wahrnehmen. Vermutlich, weil ihre eingefrorene Mimik es nicht mehr erlaubt, die entsprechenden Gefühlsausdrücke zu zeigen und das Gehirn dadurch zu wenig Rückmeldung vom Körper bekommt.

dapd/akh

Ankern

Nein, ich erzähle jetzt keine Seemanns-geschichte! Ankern ist eine ganz tolle Technik im NLP, die Dir dabei helfen kann, in gute Zustände zu kommen. Iwan Petrowitsch Pawlow hat 1905 ein interessantes Experiment gemacht, von dem Du vielleicht schon gehört hast?! Ich möchte es hier abkürzen, nur so viel dazu... Immer wenn Pawlow eine Glocke läutete, gab es für die Hunde in dem Experiment etwas zu fressen.

Als die Hunde nach einigen Tagen die Glocke hörten, wurde bei ihnen der Speichelfluss angeregt. Das passierte auch, als es kein Fressen mehr gab, da die Hunde mit dem Läuten der Glocke ihr Fressen assoziierten.

Geht es Dir so, dass wenn Du jetzt an etwas Schlimmes zurückdenkst, Dir nun plötzlich in diesem Moment, diese negativen Gefühle wieder „hochkommen". Das ist ein negativer Anker. Vielleicht geht es Dir aber auch so, dass Du einen alten Song hörst und dieser Dich an Deinen ersten Kuss erinnert. Oder ein bestimmter Geruch an einen Urlaub usw. Du hast eine Erfahrung mit einem Gefühl, Geruch etc.

verankert. So wie im Negativen, kann man diesen Anker auch bewusst positiv setzen.

Es wird bei Dir ausgelöst, wodurch auch immer, und Du fühlst Dich gut, weil Du gerade wieder in diesem tollen Ereignis bist.

Beim Ankern können wir solch einen Zustand bewusst hervorrufen. Lass uns nun mal versuchen, einen positiven Anker bei Dir zu setzen.

Denke mal nach, vielleicht schließt Du einfach kurz die Augen dafür, denke mal ein tolles Ereignis, an eine tolle Situation, eine schöne Situation, in der es Dir einfach nur gut ging und Du total glücklich warst. Wenn Du nun vollkommen in dieser Situation bist, es vielleicht vor Deinem geistigen Auge siehst, es fühlst oder vielleicht hörst und Du nun in Gedanken an dem absoluten Höhepunkt dieses Gefühls angekommen bist, dann drücke eine bestimmt Stelle an Deinem Körper. Vielleicht an der Hand, am Arm, egal wo, es sollte sich für Dich gut anfühlen und für diese Situation passen. Drücke diesen Punkt immer wieder, im Prinzip so, bis du das Gefühl hast, die Situation in Gedanken, ist nun eins, quasi verschmolzen, mit der Körperstelle, die Du gerade gedrückt hast. Das Drücken dieser Stelle gehört nun zu diesem

Gefühl. Nun mach einen Break, stehe auf, mache etwas komplett anderes und gehe raus aus dieser Situation.

Um zu testen, ob der Anker nun fest ist, drücke diese Stelle zu einem späteren Zeitpunkt wieder und schaue was passiert. Du solltest nun immer wieder in dieses Gefühl versetzt werden, an diese Situation denken, oder vielleicht etwas in Gedanken hören.

Dies war eine einfache Darstellung des Ankerns, Du solltest das auch nicht zu ernst sehen, lediglich als eine Möglichkeit, Dich in einen guten Zustand zu versetzen.

Sollte Dich dieses Thema in der Tiefe interessieren, dann freue ich mich, wenn Du Dich mit mir über E-Mail in Verbindung setzt, ich erzähle Dir dann gerne mehr dazu.

Ich bin das Vorbild

Schlüpfe in die Rolle:

Viele gute Schauspieler verschmelzen schon vor dem Film zu ihrer Rolle, sie leben sie, um diese im Film überzeugend zu spielen. Dieses wird als Method Acting bezeichnet. Adrian Brody spielte in dem Film „der Pianist" eine Figur, die alles verloren hat. Da er im echten Leben alles hatte, was man sich nur wünschen kann, verkaufte er sein Auto und seine Wohnung, um nachvollziehen zu können, wie es ist, alles zu verlieren. Er verweigerte auch das Essen und hungerte sich bei einer Körpergröße von 1,85m auf 60 kg runter.

Er war so in der Rolle drin, dass er später in einigen Interviews erwähnte, dass er unter Depressionen litt. Was hatte er sich da nur angetan. Er lebte die Rolle. Nur diese hat auch irgendwie Besitz von ihm übernommen. Und hier sind wir wieder beim Thema – wie im Kleinen, so auch im Großen.

Wir schlüpfen nun auch in eine Rolle. Im NLP spricht man hier von „Modelling".

Um bewusst zu modellieren, müssen wir erst einmal ein Verhalten, eine Eigenschaft finden die uns interessiert. Wir müssen die Strategie finden, die zu diesem „Ziel" führt. Oft ist es so, dass wir gar nicht so genau wissen, was wir uns wünschen. Also wenn ich mir nicht sicher bin, welche Eigenschaft für mich am wertvollsten ist, dann gibt es eine schöne kleine Übung, die mir etwas Klarheit verschaffen kann.

Durchs Modelling von Erfahrungen anderer erfolgreicher Menschen sparst Du Zeit und Geld und bekommst sofort das Wissen von Top-Performern. Du musst nicht alle Fehler selber machen. Du kannst Dich auf die Stärken konzentrieren. Es gibt einen Grund warum sie an der Spitze sind, sie müssen viele Dinge richtig gemacht haben.

Stelle Dir folgenden Fragen:

1. Was willst Du sein/machen?

   _____
   _____
   _____
   _____
   _____

2. Wer ist der Beste auf diesem Gebiet? Wer gehört zu den Besten? Wer kann mir dabei helfen? (MODEL)

   _____
   _____
   _____
   _____
   _____

3. Was genau macht er? Wie macht er das? Was sind seine Werkzeuge? (TÄTIGKEIT)

   _____
   _____
   _____
   _____
   _____

4. Was kann ich von den Besten übernehmen? Modelliere die Tätigkeit (Ahme die Art und Weise nach) und Du bekommst ähnliche Ergebnisse. (ERGEBNISSE)

_____

_____

_____

_____

_____

Nehmen wir mal an, Du möchtest einen Kuchen backen, hast aber absolut keine Ahnung davon, bzw. bist sogar richtig schlecht darin. Dann überlege Dir, wer in Deinem Umfeld kann das richtig gut? Wenn Dir nun diese Person ihr Rezept gibt und Du Dich genau daran hältst, schmeckt der Kuchen dann genau so gut? Ich denke eher nicht. Aber glaubst Du, wenn Du jeden Schritt so machst, wie diese Person, Du gehst mit ihr einkaufen, kaufst die gleichen Zutaten, machst beim Backen jede Bewegung genau gleich, hältst Dich exakt an die gleichen Zeiten...

Glaubst Du, der Kuchen schmeckt dann genau so gut wie der von der Person die Du modelliert hast?

Du hast also nun eine Eigenschaft die Du gerne verbessern würdest. Und wir wissen nun, dass es ein „Rezept" für diese Eigenschaft gibt, um sie perfekt zu lernen.

Die Person die es zu modellieren gilt muss mit allen Sinnen interviewt werden, zusätzlich helfen Rollenspiele, Simulationen und reale Beobachtungen. Wir benötigen zielorientierte Rückkopplungsschleifen, die durch das T.O.T.E. beschrieben werden. Das steht für: Test/Operate/Test/Exit.

Also Feststellung des Ist-Zustandes / Veränderungs-Handlung / Überprüfung / Ende. Das alles geschieht durch Fragen, Beobachten und Erleben.

Dazu gehst Du am besten wie folgt vor:

1. Wer soll modelliert werden und in welchem Kontext?

   In unserem Beispiel: wer backt den besten Kuchen?

2. Sammle aus dem passenden Kontext alle relevanten Informationen aus den unterschiedlichen Wahrnehmungs-positionen.

Aus dem Beispiel: Wo und was kauft sie ein. Wie lagert sie diese Zutaten. Wann backt sie. Welche Zeitabstände hat sie. Welche Bewegungen führt sie aus. Was denkt sie beim Backen.

Erläuterung zu den Wahrnehmungspositionen:

1. Pos. (Ich-Position) – mit dem eigenen Erleben.
2. Pos. (Du-Position) – die Situation vom Standpunkt anderer wahrnehmen
3. Pos. (Beobachter) – die Situation ansehen als wohlwollender, neutraler Beobachter

3. Du begibst Dich in die 2. Position. Körperhaltung, Physiologie und Identität annehmen.

Im Beispiel: Du wirst zu der Person die den Kuchen backt und machst alles genau so.

4. Filtere die Resultate des Informations-sammlungs-Prozesses im Hinblick auf kognitive Verhaltensmuster.
Beispiel: Was war wichtig und hat dazu beigetragen, dass der Kuchen so gut wird. War es wichtig, wie ich die Packung geöffnet habe? Etc.

5. Organisiere die Muster zu einer logischen, zusammenhängenden Struktur oder in einem Modell.

   Beispiel: Wie waren die Schritte 1. 2. 3.... Und bilde daraus den Ablauf/Rezept mit allen Sinnen des Kuchenbackens.

6. Prüfe die Effektivität und Nutzbarkeit des erstellten Modells. Probiere es aus und stelle fest, ob es den gewünschten Erfolg bringt.

   Beispiel: Backe den Kuchen alleine und überprüfe wie er schmeckt.

7. Nach mehrfacher Durchführung stelle fest, welche Punkte Du reduzieren, bzw. weglassen kannst, da sie keine Aus-wirkung auf das Endergebnis haben.

Beispiel: Musst Du unbedingt diese Butter dabei verwenden? Musst Du unbedingt diese Musik dabei hören?

8. Stelle fest, wie sich die Fähigkeit am besten übertragen lassen können. Explizite Fähigkeiten wie z. B. Erfahrungen, Strategie, Definition der Struktur, sollten gekennzeichnet sein.

Beispiel: Wer anderen etwas erfolgreich beibringen kann, hat es meist selber sehr gut verstanden.

9. Stelle fest, wie Du die Resultate am besten messen kannst und finde die Begrenzung der Modellgültigkeit.

Beispiel: Messung: Person X schmeckt der Kuchen immer, optisch sind die beiden Kuchen nicht voneinander zu unterscheiden. Im Vergleich zu... schmeckt der Kuchen...

Wie Du bereits bemerkt hast, gebe ich Dir hier in diesem Buch einen ganzen Blumenstrauß an

Möglichkeiten, um glücklicher zu werden. Im Prinzip führt alles nur zu Deinem klaren Bewusstsein. Probiere alle Übungen aus, nimm alles an und am Ende sind es vielleicht ein oder zwei Dinge, die absolut zu Dir passen und Dir dabei helfen werden, noch glücklicher zu werden.

Zurück zu der letzten Übung. Wenn Du es also schaffst Dich so zu fühlen, wie die von Dir auserwählte Person... Muss es dann nicht schon in Dir sein?!

Schau was passiert, wenn Du lachst

Eine asiatische Zen-Geschichte:

Es gab in Indien den Tempel der tausend Spiegel. Er lag hoch oben auf einem Berg und sein Anblick war gewaltig.

Eines Tages kam ein Hund und erklomm den Berg. Er stieg die Stufen des Tempels hinauf und betrat den Tempel der tausend Spiegel. Als er in den Saal der tausend Spiegel kam, sah er tausend Hunde. Er bekam Angst, sträubte das Nackenfell, klemmte den Schwanz zwischen die Beine, knurrte furchtbar und fletschte die Zähne. Und tausend Hunde sträubten das Nackenfell, klemmten die Schwänze zwischen die Beine, knurrten furchtbar und fletschten die Zähne. Voller Panik rannte der Hund aus dem Tempel und glaubte von nun an, dass die ganze Welt aus knurrenden, gefährlichen und bedrohlichen Hunden bestehe.

Einige Zeit später kam ein anderer Hund, der den Berg erklomm. Auch er stieg die Stufen hinauf und betrat den Tempel der tausend Spiegel. Als er in den Saal mit den tausend Spiegeln kam, sah auch er tausend andere

Hunde. Er aber freute sich. Er wedelte mit dem Schwanz, sprang fröhlich hin und her und forderte die Hunde zum Spielen auf. Dieser Hund verließ den Tempel mit der Überzeugung, dass die ganze Welt aus netten, freundlichen Hunden bestehe, die ihm wohlgesonnen sind.

Was fühlst Du, wenn Du es tust?

Leider gibt es viele Menschen die sehr unzufrieden sind. Sie verhalten sich wie der erste Hund aus der Geschichte. Und wie reagieren wir, wenn uns jemand anknurrt?
Meistens knurren wir wieder zurück. Aber was würde passieren, wenn Du diesen knurrenden Menschen ein Lächeln zurückgibst? Ein aufrichtiges Lächeln, das sagt: „Ich verstehe Dich. Ich weiß wie schwer Du es hast, ich bin für Dich da und wenn Du meine Hilfe brauchst, komm einfach zu mir!"

Es fällt eine Last von Dir ab. Du musst nun nicht mehr alles bewerten, argumentieren, vergleichen. Wenn Du alles mit einer gewissen Leichtigkeit nimmst, wird auch Dein Leben leichter. Wenn wir uns mal bewusst werden, wie wertvoll und kurz unser Leben auf dieser Erde doch ist, dann sollten wir in dieser Zeit doch glücklich sein.

Lizzy Terwordt beschreibt es sehr schön in folgendem Gedicht:

> *„In Liebe und mit Lust empfangen,*
> *so wurdest Du, oh Menschenkind.*

Seitdem sind Jahre schon vergangen –
Du fragst Dich, wo sie alle sind.
Vorbeigerauscht in Windeseile,
wie man es drehen und wenden mag,
es dauert nur eine Weile,
das Leben ist ein Wimpernschlag."

Wir sind alle nur zu Gast auf dieser Erde. Wir können nichts mitnehmen, außer Momente. Nichts bleibt uns von dem was wir uns materiell angeschafft haben, wir können nur etwas für die Nachwelt hinterlassen.
Nun frage ich Dich. Ist es leichter mit einem Lachen durch die Welt zu gehen, oder ständig niedergeschlagen oder auf Konfrontation aus zu sein?
Es ist so einfach! Und ich bin überzeugt davon, dass es sich für Dich auch besser anfühlt.

Vielleicht ist es erst mal ungewohnt. Freundlichkeit üben... Geht das? Ja! Wie wir bereits gelernt haben, sagen und machen wir lustige Dinge vor dem Spiegel. Wir lachen uns selber an. Die Voraussetzung dafür andere anzulachen muss erst einmal die Tatsache sein, dass Du Dich selber magst. Nun raus mit Dir und versuche einfach in verschiedenen Situation einfach mal nett zu sein, Menschen anzulachen.

Was kostet es Dich?

Ein Lachen!

Ich war total begeistert als ich mal zum Urlaub in der USA war. Für mich als steifen deutschen zuerst einmal ungewohnt. Ich war gerade beim Tanken meines Mietwagens, da kommt ein etwas älterer Mann zu meinem Auto und fragt mich „Hello, how are you"? Was dachte ich in dem Moment: Was will der denn jetzt?
Es ging noch weiter... Er stellte mir dann sämtliche Fragen, wo ich her komme, wo ich hin wolle, was ich schon alles gesehen habe. Fing dann an von seiner Familie zu erzählen und, und, und.... Das Gespräch ging ca. 5 Minuten und dann zog er weiter. Ich muss sagen es war ein nettes kurzes Gespräch, aber ich verstand nicht, wieso er das machte.

Später war ich in einem Restaurant und vor mir in der Schlange stand ein Mann, der nun an der Reihe war. Anstatt zu bestellen, fragte er die Dame hinter dem Schalter: Und? Wie läuft die Arbeit heute? Viel zu tun?
Die beiden kamen kurz ins Gespräch und er bestellte dann. Solche Situation erlebte ich während aller meiner USA Reisen ständig. Jetzt

gibt es natürlich wieder Kritiker die sagen: die Menschen dort sind einfach oberflächlich. Ist es oberflächlich kurze nette Gespräche zu führen in Situationen in denen wir sonst eh nichts anderes tun, als uns wieder über irgendetwas aufzuregen?!

Ich habe mir dann immer vorgenommen, dass aus der USA mitzunehmen und auch hier für mich so weiterzuführen. In der ersten Zeit gelang es mir auch wirklich gut und ich bin oft auf verwunderte Gesichter gestoßen, die auf einmal auch ein Lächeln im Gesicht hatten, weil sich jemand für sie interessierte.
Leider muss ich zugeben, dass man sich von der Masse ablenken lässt und dann oft wieder in seinem alten Trott ist. Und nochmal, es kostet Dich nichts, außer ein kleines bisschen Interesse und du bekommst so viel Gutes zurück. Wir müssen uns einfach aus dieser Masse erheben und mal was anderes tun. Ich verspreche Dir, Du wirst schöne Dinge erleben, die Dich auch bereichern. Es kostet Dich nichts, im Gegenteil, es kostet Dich sehr viel, wenn Du es nicht tust. Es kostet Dich einen vergeudeten Wimpernschlag in Deinem Leben.

Wenn Du all diese kleinen Dinge tust, und ich behaupte es sind wirklich kleine Dinge, Du musst Dich nur dazu bewegen, so wirst Du für andere zum Vorbild. Es wirkt ansteckend für andere. Sie möchten auch so sein wie Du und oft wissen sie gar nicht, wie einfach das doch ist. Nun bist Du in der Lage, ihnen zu verraten, wie es funktioniert. Wenn wir anderen etwas beibringen, oder sie bereichern, bringt uns das selber auch wieder sehr viele Glücksmomente.

Es ist ein Kreislauf. Während ich diese Zeilen für Dich schreibe, fühle ich mich selber sehr glücklich, da ich weiß, dass Dir mein geteiltes Wissen so gut tun wird.

Ich freue mich richtig und weiß, dass es dadurch da draußen einen Menschen geben wird, dessen Leben glücklicher sein wird. Dir wird es auch so gehen, sobald du diese Freude ausstrahlst.

Werde zum Vorbild!

TEIL III

Gesundheit und Glück

„Da es sehr förderlich für die Gesundheit ist, hab
ich beschlossen, glücklich zu sein."
Voltaire

Ein gesunder Körper und Verstand ist die Basis von allem. Und wenn ich hier von einem gesunden Körper spreche, dann meine ich damit, einen Körper in dem Du in Deiner vollen Energie und Kraft bist. Es gibt Menschen die so was sagen wie: ich bin von der Natur aus benachteiligt, da ich nicht schlau oder schön genug bin, oder eine Behinderung habe. Diese Menschen geben die Schuld den äußeren Umständen. Kennst Du Menschen, die einen schweren Schicksalsschlag erfahren haben, oder eine Behinderung haben und trotzdem erfolgreich oder glücklich sind. Vielleicht würde jetzt einer dieser Menschen intervenieren – trotzdem? Gerade deshalb bin ich glücklich!

Es gibt ganz viele prominente Beispiele die es geschafft haben. Mich persönlich hat aber eine Geschichte ganz besonders berührt und zwar die von dem Trainer und Coach Boris Grundl. Boris war bis zu seinem 25. Lebensjahr ein gesunder junger Mann, der das Leben und auch den Nervenkitzel liebte. Bei einem Sprung von einer Klippe in Mexiko verletzte er sich so schwer, dass er sich den Halswirbel brach und somit Querschnittsgelähmt wurde. Seit dem ist er auf einen Rollstuhl angewiesen. Er ließ sich von diesem Schicksalsschlag aber nicht entmutigen. Er beendete sein Studium der Sportwissenschaft und konnte später etliche Erfolge im Rollstuhlsport erzielen. Boris Grundl beschreibt diese Entwicklung so, dass er sich irgendwann damit auseinandersetzte, wie sein Gehirn funktioniert. Damit fing er an, den Entwicklungsprozess seines Unfalls als spannende Reise zu sehen. Früher brauchte er den Adrenalinausstoß bei Sportarten wie Fallschirmspringen oder Tauchen. Seine Sichtweise war nach außen gerichtet, er suchte etwas im Außen. Nach dem Unfall richtete er seine Aufmerksamkeit nach innen. Er begriff seine persönliche Entwicklung als das Abenteuer. Dadurch schaffte er es besondere Fähigkeiten zu entwickeln. Heute ist er einer der erfolgreichsten Trainer und Coaches in Deutschland. Meines Empfindens nach ein sehr positiver und glücklicher Mensch.

Andrea Bocelli, der erfolgreiche blinde Opernsänger, sagte zu seiner Mutter, die sich sorgen um ihn machte folgenden schönen

Spruch: „Ich bin aber nicht blind, ich sehe nur einfach auf eine andere Art."

Der leider verstorbene Wissenschaftler Stephen Hawking litt an ALS und war sehr schwer eingeschränkt. Das hinderte ihn aber nicht, einer der genialsten Menschen auf unserem Planeten zu werden.

All diese Menschen haben die Entscheidung getroffen sich nicht auf ihre Behinderung sondern auf das Leben und die Möglichkeiten, die sich bieten zu konzentrieren. Sie haben ihren gesunden Verstand genutzt, um Spitzenleistung zu vollbringen und damit glücklich zu werden.

Wie bekomme ich einen gesunden Verstand? In diesem Buch bekommst Du viele Wege, wie Du Deine Einstellung und Dein Verhalten, also psychisch, so ändern kannst, dass Du glücklicher wirst. Allerdings möchte ich an dieser Stelle auf einen anderen Punkt eingehen. Wie schaffst Du es physisch besser zu werden, also deine körperliche Fitness zu verbessern? Glaubst Du, dass ein fitter Mensch, der jeden Tag körperlich in seiner vollen Energie ist, es auch schafft glücklicher durchs Leben zu gehen?

Ich möchte ein paar Tipps geben, was Du tun kannst um mehr Energie zu bekommen. Du kennst bestimmt den Spruch: „Du bist was Du isst." Egal ob Du gut in Form, übergewichtig, oder was auch immer bist... Ich glaube wenn Du Dir etwas bewusster darüber bist, was eine gesunde Ernährung mit Dir machen kann, dann solltest Du versuchen, ein paar Angewohnheiten in Deinem Leben zu ändern. Ich verspreche Dir, Du wirst Dich viel besser fühlen, voller Energie sein und somit auch die Basis für ein glücklicheres Leben kreieren!

Mich selber hat dieses Thema schon immer interessiert. Da ich sehr früh angefangen habe Sport zu treiben, kommt auch unweigerlich irgendwann das Thema Ernährung dazu, weil der Körper durch eine richtige Ernährung einfach viel mehr Leistung vollbringen kann. Im Jugendalter ging es mir erst mal nur darum einfach gut auszusehen, ein Six-Pack zu haben, um einfach den Frauen zu imponieren. Wie gesagt, trieb ich viel Sport, jedoch gab es da andere Jungs in meinem Umfeld, bei denen war das Six-Pack irgendwie besser zu sehen. Ich fing dann an, Eiweißpräparate zu nehmen, die einem ja wunderbares Muskelwachstum versprachen. Naja, die Muskel wuchsen auch, aber ob das auf das Eiweiß zurückzuführen war... Heute versuche ich auf Chemie jeglicher Art zu verzichten, mit Einschränkung, aber dazu später mehr. Nun ja, das Six-Pack war immer noch nicht so richtig zu sehen. Und Du merkst schon, wie ich damals getickt habe. Ich war sehr im Ego und davon bestimmt, was das Umfeld von mir denkt. Aber auch ich habe eine Entwicklung hinter mir, die mich zu besseren Erkenntnissen gebracht hat.

Zurück zur Geschichte. Ich fing an, mein Essverhalten zu ändern. Bis dahin war es so, wenn auf dem Teller z. B. Fleisch, Kartoffeln und Gemüse war, fing ich an das Fleisch zu essen, dann die Kartoffeln und am Schluss, wenn ich schon fast satt war, das Gemüse.
Ich änderte lediglich dich Reihenfolge, so dass ich das Gemüse zuerst aß. Ich trank zu dieser Zeit auch noch Softdrinks wie Cola und Limo. Wenn Du Dir überlegst, in Cola sind 16,6 Gramm Zucker pro 100 Milliliter. Ich trank mehr Wasser, bis ich dann irgendwann fast ausschließlich Wasser trank. Und siehe da, nach zwei Monaten, hatte ich durch diese kleine Veränderung endlich mein gewünschtes Six-Pack. Von diesem Zeitpunkt an, beschäftigte ich mich immer mehr mit Ernährung. Heute geht es

mir nicht mehr darum den perfekten Körper zu haben, sondern einfach voller Energie durchs Leben zu gehen und das schaffst Du mit der richtigen Ernährung.

Ich weiß bei den ganzen Ratschlägen die man zu diesem Thema hört, ist man ganz schnell verwirrt und jeder erzählt einem was anderes. Die Meisten scheitern dann auch wieder aus diesen Gründen daran. Daher möchte ich Dir nur ein paar kleine Tipps geben, die bei mir Wunder vollbracht haben, und mir die Basis für ein glückliches, gesundes Leben geben.

Viele Menschen haben ein Problem mit dem Frühstück, entweder es fällt komplett bei ihnen aus, oder man schafft einfach die falsche Basis für den Tag. Die Frühstücksgewohnheiten zu verändern ist eine Möglichkeit Dein Leben in eine positive Richtung zu lenken. In mittlerweile hunderten von Studien wurde bewiesen, dass ein Zusammenhang zwischen einem schlechten Frühstück und einer schlechten Lebensqualität besteht. Hier spielen verschiedene Faktoren wie Deine Energie, Dein Körpergewicht und wie Du alterst eine Rolle.

Über den gesamten Tag, sollten die Lebensmittel die Du zu Dir nimmst einen Wasseranteil von 70% haben, außerdem solltest Du bei den Getränken stilles Wasser wählen, von dem Du über den Tag mindestens zwei bis drei Liter trinkst. Um es etwas aufzupeppen kannst Du Zitrone, Minze oder wenn Du ganz gesund sein möchtest – Weizengras hinzugeben. Hier gibt es auch ganz viele tolle Möglichkeiten.

Jetzt fragst Du Dich vielleicht was alles wasserhaltige Lebensmittel sind? Obst, Gemüse und Salat.

Beim Frühstück würde das bedeuten, dass Du Dir z. B. einen schönen Obstteller machst.
Mit dem Obst verhält es sich so, dass er sehr schnell verdaut ist und Dein Verdauungs-apparat weniger Energie für diesen Prozess benötigt, als wenn Du schwere Mahlzeiten zu Dir nimmst. Vielleicht kennst Du das, wenn Du mittags mal so richtig zugeschlagen hast. Anschließend fühlst Du Dich total müde und würdest am liebsten einen kleinen Mittagsschlaf halten. Warum ist das so?
Der Körper ist bei diesem Prozess mit der Verdauung beschäftigt. Bei der Verdauung verbraucht der Körper sehr viel Energie, die aus

allen Quellen entzogen werden. Deshalb fällt es uns auch so schwer noch klar zu denken und wir werden müde, je nachdem wie schwer verdaulich die Nahrung war, die wir zu uns genommen haben. Fazit: wenn Du über den Tag viel Energie haben willst, ernähre Dich so, dass der Körper mehr Energie bekommt, als das sie ihm entzogen wird.

Auch zum Thema wann und wie viel man essen sollte, gibt es tausend verschiedene Ansätze. Mal hört man von morgens gar nichts zu frühstücken, wie z. B. beim intermittierenden Fasten und mal hört man, man solle möglichst häufig kleinere Mahlzeiten zu sich nehmen. Ich glaube tief in uns wissen wir, was gut für uns ist. Klar schmeckt mal der süße Brotaufstrich aus Schokolade-Nuss vorzüglich. Wir haben unseren Körper ja auch darauf trainiert auf Zucker zu stehen. Aber ist es wirklich nötig selbst Ernährungsberater zu werden, Diäten zu machen, die viel Geld kosten oder sogar Kurse zu besuchen, die uns sagen was gesund ist? Ja, ich kann verstehen, wenn Menschen Unterstützung brauchen, weil sie einfach nicht weiter kommen. Aber nochmal, wenn wir unseren gesunden Menschenverstand ein-schalten und es auch wirklich wollen, dann schaffen wir es auch ganz alleine, uns gut zu ernähren.

Ich selber habe es natürlich auch das ein oder andere Mal versucht, doch jetzt versuche ich einfach auf meinen Körper zu hören. Sollte ich mal Heißhunger bekommen, was selten der Fall ist, bei einer ausgewogenen Ernährung, dann muss ich mich nur entscheiden zwischen Schokoriegel und Apfel!

Jetzt höre ich schon wieder diese Stimmen, die sagen: „aber man muss sich doch auch mal was gönnen!". Muss man das? Ich gönne mir lieber viel Energie über den Tag und keinen Schokoriegel, der mich langfristig gesehen, eher krank macht. Eine wirklich gute Möglichkeit auf diese „Krankmacher" zu verzichten ist, einfach keine Süßigkeiten zu Hause zu haben.

Neben der Ernährung kommt nun der Punkt „Bewegung" dazu. Ich schreibe ganz bewusst nicht Sport, sondern Bewegung, weil ich glaube, dass sonst der Ein oder Andere gleich wieder mit der Ausrede kommt, dass Sport nichts für sie oder ihn sei. Ich persönlich glaube ja, dass es einen Sport für jeden Menschen auf dieser Welt gibt, der auch Spaß macht. Es muss nicht immer das Fitnessstudio sein. Es gibt so viele Dinge die man tun könnte. Über hunderte Ballsportarten, Radsport, Wintersport, Mannschaftssport,

Wassersport etc. Mir kann hier wirklich keiner erzählen, dass da nicht irgendetwas dabei ist. Aber gut, wie versprochen möchte ich hier niemanden zwingen einen Sport zu finden. Es reicht sich jeden Tag einfach nur etwas bewusster zu bewegen, um so den Körper dafür zu nutzen, wie es eigentlich mal vorgesehen war. Seit der Steinzeit vor etwa 10.000 Jahren, hat sich unser Körper genetisch nicht mehr groß verändert. Wir waren dafür gemacht, um Jäger und Sammler zu sein und konnten am Tag Strecken bis zu 40 km hinter uns legen. Jetzt rechne bitte mal auf wie viele Kilometer Du am Tag kommst. Es müssen natürlich keine 40 km sein, aber man hört ja überall von davon, dass man am Tag 10.000 Schritte gehen sollte. Je nach Schrittlänge entspricht das ungefähr 6 – 9 Kilometern. Das ist wirklich ein gutes Ziel um fit zu bleiben und unseren Glückshormon-Ausstoß etwas anzuregen.

Ich selber war total erstaunt, wie wenig ich mich doch bewege. Das stellte ich fest, als ich mir eine dieser tollen Uhren mit Schrittzähler besorgte. Sie gab auch gleich an, wie viel Kilometern das entspricht. Ich kam anfangs auf schlappe 2,5 km, die ich ohne Sport erreichte. Das hing damit zusammen, dass ich den ganzen Tag im Büro oder im Auto saß. Diese Uhr öffnete mir erst mal etwas die Augen. Ich sag aber ganz bewusst „etwas". Denn ich änderte nichts daran. Kurze Zeit darauf hatte ich dann ein Erlebnis, das mich dann schon zum Nachdenken brachte und dann auch wirklich zum Handeln. Ich fuhr gemeinsam mit einem Arbeitskollegen zu Kundenterminen. Zwischen diesen Terminen hatten wir etwas Luft und wir beschlossen in ein Café zu fahren. Ich parkte gleich vor dem Café, so dass wir nur ein paar Schritte gehen mussten. Dieses war geschlossen. Ca. 200 Meter hinter diesem Café befand sich ein Restaurant das geöffnet hatte. Ich ging gleich zum Auto und wollte selbstverständlich zum Parkplatz dieses Restaurants fahren, als mein Arbeitskollege intervenierte: "Ähm, sollen, wir das Auto nicht hier stehen lassen und die paar Meter laufen?"

Wie sollte ich denn auf mehr als 2,5km über den Tag kommen, wenn ich es noch nicht mal schaffe 200 Meter zu Fuß zu gehen?

Es sind oft die einfachen Dinge im Leben, die dazu führen, dass wir uns etwas mehr bewegen. Einfach mal das Auto stehen lassen, oder etwas weiter weg parken. Die Treppe anstatt die Rolltreppe benutzen. Vielleicht machst Du beim

Zähneputzen ein paar Kniebeugen. Besuche Deine Kollegen in der Firma anstatt ständig zum Telefon zu greifen. Es gibt so viele Möglichkeiten und wenn Du da noch ein paar Ideen brauchst, das Internet ist voll davon.

TEIL IV

Glücklich sein lernen

Die konkreten Schritte

In diesem Kapitel lernst Du, was Du ganz pragmatisch umsetzen kannst, um glücklich zu werden. Du bekommst quasi eine Anleitung dazu, welche Schritte du physisch gehen musst, um auch psychisch ein Ergebnis zu bekommen.

Ich möchte Dir nun nochmal verschiedene Übungen im Detail vorstellen und wiederholen, die Dir dabei helfen werden, dein Glück zu finden.

Übung Shaolin – wie sehr im hier und jetzt

Während einer meiner Ausbildungen machte ich eine Übung mit kleinen bunten Trommelsteinen, die mir der Shaolin Mönch der das Seminar leitete, im Anschluss schenkte. Ich habe sie heute noch auf meinem Schreibtisch in einem schönen Samtbeutel liegen und führe die Übung von Zeit zu Zeit mal durch, wenn ich mir wieder mehr Klarheit verschaffen möchte. Du kannst für diese Übung aber auch andere Steine verwenden.

Ich sollte mich bei der Übung fragen, wie sehr ich in diesem Moment bei mir war und legte dafür die zehn Steine in die rechte Hand. Sie sollten 100% der Aufmerksamkeit darstellen.
Anschließend sollte ich mich fragen, mit wie vielen Steinen ich in der Situation, also in meinem Fall bei diesem Seminar in dem Moment war. Ich kann mich noch erinnern, es war der erste Tag dieses Seminares. Ich machte mir zum einen Gedanken darüber, was wohl die nächsten Tage noch alles auf mich zukommen würde und ich war mit einem anderen Teil meiner Gedanken, bei einem Problem auf der Arbeit, dass sich die Tage ergeben hatte.
Mein Verstand und mein Herz waren also nicht zu 100 % in diesem Moment.

Für jeden Gedanken, der nicht mit diesem Moment zu tun hatte, sollten wir einen Stein in die linke Hand legen. Nun sah es bei mir so aus, dass ich sieben Steine in der linken und drei Steine in meiner rechten Hand hatte. Ich war also mit sieben Steinen entweder mit meiner Vergangenheit oder Zukunft beschäftigt und tatsächlich nur mit drei Steinen im Jetzt. Was glaubst du, wenn man nur mit drei Steinen im Jetzt ist, kann man das, was man gerade eigentlich tun will, zu einem guten Ergebnis bringen?

Führe diese Übung selber mal durch. Wie viele Steine liegen in deiner rechten Hand? Probiere es mal aus, wie viel mehr Lebensqualität es hat, wenn Du mit Deinen vollen 100 % in der Situation bist. Bei Deiner Arbeit, bei Deinen Freunden und der Familie, bei Dir selbst, oder einfach nur bei ganz banalen Aufgaben.

Führe die Übung immer mal wieder durch, wenn Du glaubst Du kommst nicht voran oder fühlst Dich gerade nicht so gut. Es ist so wichtig mit wirklich 100%, also Deiner kompletten Aufmerksamkeit bei der Sache zu sein. Du hast es verdient, die Menschen die mit Dir zu tun haben und auch die Aufgaben, denen Du Dich widmest.

In seinem Buch hat Shi Xing Mi noch etwas Schönes dazu geschrieben, was ich so übernommen habe:

„100 Prozent Aufmerksamkeit machen einen Unterschied und erhöhen die Qualität Deiner Arbeit. Du weißt, was Du tust, und Du entdeckst hilfreiche Dinge, die Du sonst übersehen würdest. Aber: So wie Du nicht von heute auf morgen ein Meister der Achtsamkeit sein kannst, so musst Du auch nicht 24 Stunden am Tag achtsam sein. Nicht betrunken werden von der eigenen Regel, sagen die Shaolin.
Und das bedeutet, bewusst zu entscheiden, was Deine Achtsamkeit verdient. Denn wenn Du auf alles achtest, wirst Du verrückt. Deswegen geht es darum, auf das Richtige zu achten."

Was braucht es um einen Schritt weiter zu kommen?

Stelle Dir vor man könnte Glück messen. Z. B. auf einer Skala von 1 – 10. Wobei die Eins für unglücklich und die 10 für unendlich glücklich steht. Wo auf dieser Skala siehst Du Dich gerade jetzt?

1	2	3	4	5	6	7	8	9	10

Nehmen wir mal an, es ist eine 6. Du definierst selber für Dich was das bedeutet. Mit einer 6 würde ich für mich so etwas sagen wie:

Es läuft gerade alles ganz gut, aber es fehlt mir etwas. Ich bin oft müde und niedergeschlagen, führe gerade keine Beziehung und im Job läuft es auch ganz okay, aber es passiert nicht wirklich was. NUR als Beispiel!

Nun würde ich mich fragen, was braucht es um eine 7 oder 8 zu erreichen? Erst mal nur kleine Schritte. Wieder nur als Beispiel, würde ich dann so etwas sagen wie:

Okay ich bin ständig müde, vielleicht sollte ich mich besser ernähren und etwas Sport machen. Ab morgen werde ich morgens zum Frühstück

mehr Obst essen und Toastbrot weglassen. Ich werde mal wieder etwas mehr ausgehen. Freunde treffen und mal sehen, wen ich so kennenlerne. Ich mache meinen Job nun schon so lange, ich glaube ich werde dieses Weiterbildungsprogramm mal mitmachen.
Das bringt etwas Abwechslung in meinen Job.

Ich glaube Du hast verstanden, was ich mit dieser Skala meine und es gibt bestimmt viele Punkte, die Dir einfallen, wie Du zu dem nächsten Schritt kommst.

Wichtig ist, dass es wirklich kleine Veränderungen sind, die Du auch gerne machst. Nimm Dir für jeden Tag vor, drei Punkte zu verbessern. Mache Dir eine To-Do Liste oder schreibe sie in Deinen Kalender.

Wenn ich Dich dann bei nächsten Mal fragen würde, wo Du stehst, sagst Du dann wahrscheinlich – 8. Dann mach weiter so, versuche die 9 oder 10 zu erreichen. Immer einen Schritt weiter, egal wo Du gerade in der Tabelle stehst.

Übung: 10 Tage

Der Nachbar ist so laut, es kommt schon wieder nichts im Fernsehen, nie gibt es einen Parkplatz vor der Tür, die Frau in der Bäckerei ist heute so unfreundlich...

Ständig ärgern wir uns über Kleinigkeiten und wenn es dann etwas mehr als eine Kleinigkeit ist, dann können wir sogar ganz schnell explodieren. Ist das ein schönes Gefühl? Ich glaube nicht! In dem Moment fühlt man sich vielleicht kurze Zeit etwas besser da man es rausgelassen hat, aber ich glaube wir fühlen uns weitaus besser, wenn wir es gar nicht so weit kommen lassen. Da wir bisher ständig auf solche Kleinigkeiten reagiert haben, haben wir uns das quasi antrainiert, wie einen Muskel, nach solchen negativen Dingen zu „suchen", um dann in eine schlechte Stimmung zu kommen. Wenn Du Dich also auf was Schlechtes programmieren kannst, dann geht das auch im Guten.

Deine Aufgabe ist es nun, Dich über nichts mehr länger als 10 Sekunden zu ärgern. Jedes Mal, wenn Du Dich dabei ertappst, hörst Du sofort auf damit und zwingst Dich ein Lachen aufzusetzen. Das machst Du 10 Tage lang. Mach Dir dazu eine Strichliste für die Tage. Jedes Mal wenn es Dir nicht gelingt, fängst Du wieder bei Tag 1 an, bis Du die 10 Tage voll hast.

Als ich das, das erste Mal versucht habe, habe ich für die komplette Übung fast zwei Monate gebraucht. Ich habe aber wirklich gemerkt, auch schon relativ früh am Anfang, dass ich angefangen habe anders zu denken.
Ich wurde positiver und selbst bei größeren Problemen habe ich es dann geschafft, dreimal tief durchzuatmen, und die Situation viel souveräner anzugehen. Für mich kann ich sagen, dass ich allein durch diese Übung ein großes Stück glücklicher geworden bin. Probiere es aus!

Glücksaufgaben

Glückstagebuch:

Schreibe jeden Abend in Dein Glückstagebuch, die tollen und glücklichen Dinge, die Dir über den Tag passiert sind. Auch hierbei sollte es wieder von den kleinsten Kleinigkeiten, bis zu vielleicht großen schönen Dingen alles sein, was Dir am Tag Freude bereitet hat. Vielleicht hat dich ein kleines Kind angelächelt, Dir jemand die Tür aufgehalten, Du hast es heute geschafft Sport zu machen...
All solche Dinge gehören in Dein Glückstagebuch. Dadurch schaffst Du es mit der Zeit, Dich auf die positiven Dinge zu fokussieren. Du öffnest Dein Unterbewusstsein dafür und selbst wenn Du mal schlimmere Tage hast, findet Dein Unterbewusstsein so schneller Lösungen, da es ja gelernt hat, die guten Dinge zu sehen.

Hilf anderen:

Nochmal zur Wiederholung. Wir haben gelernt, dass alle guten erfolgreichen Menschen einen Teil ihres Vermögens, ihres Wissens, ihrer Kraft oder was auch immer GEBEN.

Du erinnerst Dich:
Gib Liebe und Du bekommst Liebe!
Gib ein Lachen und Du bekommst ein Lachen!
Gib Deine Aufmerksamkeit und Du bekommst Aufmerksamkeit!
Gib Glück und Du bekommst Glück!
Das ist das Gesetz der Resonanz. Und wenn Du nun denkst, ich glaube nicht an solche Dinge... Was kostet es Dich es auszuprobieren? Also gehe ab morgen raus in die Welt und versuche einfach mal kleine Dinge zu geben. Fange mit einem Lachen an und schaue was passiert.

Bilde Dich weiter:

Wir kommen auf die Welt ohne irgendetwas, einfach nackt. So verlassen wir die Welt auch wieder. All den Reichtum, den Besitz etc. den sich Menschen während ihres Lebens erwirtschaftet haben, können sie nicht mitnehmen. Das Einzige das wir tun können, ist etwas zu hinterlassen, so dass man sich vielleicht noch lange an uns erinnert.

Wissen kann uns niemand nehmen. Durch Wissen schaffen wir es tolle Dinge zu vollbringen. Jetzt höre ich vielleicht den ein oder anderen sagen, ich möchte einfach auf einer Insel mit viel Geld und all meinen Wünschen sein. Das ist vielleicht in der ersten Zeit mal schön. Aber dann wird es langweilig. Der Mensch ist einfach dafür gemacht, Dinge zu schaffen. Selbst wenn es eine Hütte wäre, die er auf dieser Insel baut. Er hätte wieder das Gefühl etwas Sinnvolles getan zu haben.

Wir brauchen also eine sinnvolle Beschäftigung, die wir mit Leidenschaft ausführen. Wenn wir uns weiterbilden, unser Wissen erweitern, sind wir in der Lage Dinge zu tun, die uns mit Leidenschaft erfüllen. Und trotz des vielen Geldes musst Du dann nicht einfach nur in der Hängematte liegen!

Konsum reduzieren:

Kennst Du den Spruch „ich habe keine Zeit!" Ich denke mal, Du wirst ihn schon so einige Male gehört haben, wenn nicht sogar selber mal verwendet haben. Ich behaupte wir haben für alles Zeit, für das wir auch Zeit haben wollen. Es ist einfach eine Sache der Prioritäten. Das ist aber ein anderes Thema.
Worauf ich hinaus will ist folgendes...

Geschafft vom Tag fallen viele abends vor den Fernseher und lassen sich „berieseln". Die Fernsehsendungen werden von cleveren Menschen gemacht, die dafür sorgen, uns abhängig von diesem Programm zu machen.

Sie verdienen ja auch ihr Geld damit. Was passiert nun, im Fernsehen wird uns vorgemacht, wie wir zu sein haben. Ein Topmodel, wir müssen ein tolles Auto fahren, Gewinner sind die mit dem großen Geld...

Wir entfliehen also in der Zeit in der wir Fernsehen schauen in eine andere Welt und sind ein Teil davon.

Heinrich von Kleist sagte schon: „alles was man dem Volk dreimal sagt, hält es für wahr."

Wir sollten unsere eigenen Geschichten schreiben und nicht Teil von einer vorge-gaukelten Welt sein.

Eine Statistik von 2017 besagt, dass wir in Deutschland täglich durchschnittlich 221 Minuten Fernsehen schauen. Das sind 56 Tage im Jahr, die der Durchschnitt mit Fernsehen verbringt. Jetzt frage ich Dich, fällt Dir etwas Besseres ein, was Du in dieser Zeit machen könntest? Dabei sind noch nicht solche Dinge berücksichtigt wie soziale Medien oder Internet Benutzung.

Achte und nutze Deine Zeit sinnvoll. Zum Konsum der teilweise auch durch die Medien beeinflusst wird, gehört auch übermäßiges Shopping. Was uns, wie bereits erwähnt, nur ganz kurzfristig glücklich macht.

Du sollst nicht auf etwas verzichten, was Dir Spaß macht. Fange aber an zu hinterfragen, ob es Dich weiterbringt, bzw. ob es Dein persönliches glücklich sein fördert, oder eher irgendetwas in Dir negativ beeinflusst.

Leidenschaft:

Ob es die Liebe, die Arbeit, Lernen, Freundschaft, Reisen oder was auch immer ist, wenn wir Leidenschaft für etwas empfinden, dann ist es wirklich das war wir wollen. Ich glaube das immer dann, wenn wir diese Leidenschaft für etwas empfinden auch glücklich sind. Glaubst Du, wir können auch Leidenschaft für etwas entwickeln, was uns nicht so viel Spaß macht? Z. B. Lernen? Und dann auch noch ein Thema, was total trocken ist. Wir können unser Gehirn hier überlisten.

Vor jeder Aufgabe oder Ziel sollten wir uns fragen: „Wenn ich diese Aufgabe erledige, und dieses Wissen in mich aufgenommen habe, was wird sich dann in meinem Leben zum Positiven verändern?"

Dazu habe ich ein schönes Beispiel. Ein Freund von mir war absoluter Spanien Fan. Er liebte es nach Spanien zu reisen und dort seine Urlaube zu verbringen. Ich glaube er besuchte fast jedes Jahr dieses Land. Er mochte das Essen, die Menschen und auch die Landschaft. Er schlug sich zwar meist mit englisch durch, nur hatte er den Wunsch spanisch zu lernen. Er machte sogar einen Spanisch Kurs, hatte aber nicht die Disziplin an allen Unterrichtsstunden teilzunehmen und so richtig Spaß machte das Lernen dort auch nicht. Was passierte nun, in einem seiner Reisen verliebte er sich in eine Spanierin. Zum Glück konnte sie deutsch. Aber sein Fokus veränderte sich nun. Er wollte nun unbedingt diese Sprache beherrschen. Er stellte sich innerlich die Frage und hatte vor allem auch die Vorstellung, was nun alles passieren würde, wenn er spanisch sprechen könnte. Wenn er erneut zu den Unterrichtsstunden gehen würde, könnte er sogar in Spanien leben. Da er Handwerker war, brauchte er sich um einen Job dort keine Sorgen zu machen. Spanien war schon immer ein Traum von ihm und nun kam auch noch die Frau dazu. Er stellte sich vor, dadurch das echte Spanien kennenzulernen, weil er sich dann auch mit den Einheimischen unterhalten könnte.

Zudem würde seine Freundin absolut beeindruckt sein, wenn er mit ihr auf Spanisch sprechen könnte. Spanisch lernen machte ihm auf einmal Spaß und er lernte es tatsächlich, da er nun anders an das Lernen ging. Leider hielt die Beziehung nicht lange, da er doch nie den Schritt schaffte, tatsächlich nach Spanien auszuwandern, aber das ist ein anderes Thema.

Verändern wir unseren Fokus, dann kann es plötzlich zur Leidenschaft werden!

Jetzt sagst Du vielleicht: was ist wenn ich „gezwungen" werde auf der Arbeit eine Aufgabe zu erledigen, auf die ich absolut keine Lust habe?

Dann frage Dich: was wird passieren, wenn ich die Aufgabe so erfülle, dass die Erwartungen von meinem Chef völlig übertroffen werden, diese Aufgabe zuvor noch nie so genial gelöst wurde. Wie begeistert werden meine Kollegen sein? Siehst Du, schon kann es Spaß machen und wir können eine Leidenschaft dafür entwickeln.

Wenn Du gar keine Leidenschaft für etwas entwickeln kannst, dann solltest Du Dich fragen, ob es das richtige ist, das überhaupt zu tun? Es geht hier um Dich und Du solltest Deine Lebenszeit nicht mit Dingen verschwenden, die Du gar nicht tun möchtest. Das führt dazu, dass man unglücklich wird.

Also prüfe! Wodurch kann ich für diese Aufgabe Leidenschaft entwickeln und wenn Du diese nicht entwickeln kannst, hinterfrage die Aufgabe.

Übung: Lachen

Diese Übung hatte ich ja schon ein einer anderen Stelle angesprochen. Da sie aber so effektiv sein kann, möchte ich nochmals kurz darauf eingehen.

Die Durchführung ist ganz einfach. Du stellst Dich vor einen Spiegel und fängst an zu lachen. Halte dieses Lachen für mindestens eine Minute. Wenn sich dein Zustand im Außen verändert, verändert er sich auch im Innen. Diese Übung funktioniert auch ohne Spiegel. Im Prinzip geht es nur darum, dass Du Deine Physiologie veränderst und dadurch deine Emotion steuerst. Und übrigens, solltest Du diese Übung mal in der Öffentlichkeit machen, hab besser immer ein paar Kopfhörer auf, damit die Leute denken, Dir erzählt gerade einer einen Witz am Telefon ☺

Musik

„Ohne Musik wäre das Leben ein Irrtum."
Friedrich Nietzsche

Anbei ein interessanter Bericht aus der „Augsburger-Allgemeine" von Michael Pohl:

Es war der dunkelste Moment seines Lebens, den Eric Clapton in einem seiner berühmtesten Lieder verarbeitete. er veröffentlichte „Tears in Heaven" wenige Monate nachdem im März 1991 sein vierjähriger Sohn Conor bei einem Unfall aus dem 53. Stock eines New Yorker Hochhauses in den Tod stürzte. Der Hausmeister hatte für einen kurzen Moment eines der raumhohen Wohnzimmerfenster zum Putzen unbeobachtet offenstehen gelassen, während das Kind in der Wolken-kratzerwohnung umherrannte. Viele Fans kennen die Geschichte vermutlich gar nicht, wenn sie bei Claptons Ballade mitsingen:

„Würdest du meinen Namen kennen, wenn ich Dich im Himmel sehe?"

Es sind oft auch traurige Lieder, die Menschen auf verschiedene Weise glücklich machen können, wie kürzlich englische Wissenschaftler von der Universität Oxford erforschten. So wie es Musikern und Komponisten gelingt, große Gefühle in Musik hineinzupacken und zu transportieren, können die Menschen die Emotionen aus der Musik herausholen und empfinden. Vor allem jene Menschen, die überdurchschnittlich mitfühlend sind, ziehen auch aus trauriger Musik positive Energie. Warum ist das so? Diese Frage beschäftigt immer mehr Hirnforscher, Neurowissenschaftler, Psychologen und andere Wissenschaftler, die das Geheimnis der Musik entschlüsseln wollen. Einer von ihnen ist der Hirnforscher Stefan Koelsch, der an der Universität im norwegischen Bergen lehrt. Der Max-Planck-Forscher hat ursprünglich am Bremer Konservatorium ein Musik-Studium für Geige, Piano und Komposition abgeschlossen. Doch anstatt für eine Berufsmusiker-Karriere entschied er sich im Anschluss für ein Psychologie-Studium.

Die Uni brachte Koelsch mit den aufstrebenden Neurowissenschaften in Berührung.

Dabei zeichnen die Forscher mit modernster Medizintechnik die komplexen Aktivitäten in den Gehirnregionen nach. Heute gilt Koelsch als einer der bekanntesten Musikpsychologen der Welt. Unter anderem erforscht der 48-jährige Professor, wie Musik im Gehirn funktioniert und sich dabei auch für medizinische Therapien einsetzen lässt.

Macht Musik also glücklich, weil sie im Belohnungszentrum des Gehirns den für das Wohlbefinden bekannten Botenstoff Dopamin auslöst? Dies sei ein weitverbreiteter Irrtum, sagt Koelsch: „Dopamin ist ein Spaßhormon, kein Glückshormon", betont der Wissenschaftler. „Musik macht natürlich Spaß. Die Klänge sind schön, es macht Spaß zu tanzen, Partys zu feiern oder selbst Musik zu machen."

Doch leider verwechselten die Menschen in unserem Kulturkreis zusehends Spaß mit Glück, klagt der Psychologe. „Musik kann aber auch tatsächlich glücklich machen", betont er. **Glück gleich Gemeinschaft.**

„Glück hängt fast immer mit sozialen Bindungen zu anderen Menschen ab", erklärt Koelsch. „Glück heißt nicht, viel Geld zu haben, viel Schokolade zu essen, viel einzukaufen oder etwa viel Kokain zu nehmen.

Das sind alles Dinge, die viel Dopamin im Gehirn ausschütten: Spaßerlebnisse, die am Ende auch sehr unglücklich machen können."

Der Kern des Glückserlebnisses der Musik liege in ihrem sozialen Aspekt: „Selbst wenn man alleine im Lehnstuhl sitzt und sich einen Kopfhörer aufsetzt, simuliert das Gehirn viel an

Gemeinschaftsaktivität. Das Gehirn weiß, das andere dafür gemeinschaftlich Musik machen. Man fühlt sich von der Musik angesprochen und erlebt dadurch eine Kommunikation."

Heute können die Neurowissenschaftler mit EEG-Messungen der Hirnströme und Magnetresonanztomografie dem Gehirn bei der Arbeit zuschauen. Die sogenannten bildgebenden Verfahren machen sichtbar, wie Musik auf komplexe Weise viele Regionen des Gehirns auf einmal anspricht. „Als Hirnforscher könnte man sogar jede Region im Gehirn durch Musik aktivieren", sagt Koelsch. Eine der interessantesten Erkenntnisse zum Verständnis der Musik sei, dass das Gehirn keinen großen Unterschied zwischen Musik und Sprache macht.

„Wir sehen im Gehirn, dass die Verarbeitung von Musik und Sprache sehr ähnlich ist und in fast denselben Neuronen-Netzwerken abläuft." Auch die Sprache folgt bestimmten Rhythmus und Melodie. „Kleinkinder lernen einen Großteil des Sprechens über den Musikanteil in der Sprache", sagt Koelsch.

Auch beim Hören von Sprache und Musik sind die Neuronen im Gehirn so aktiv wie beim Sprechen oder Musizieren. Auch das Empfinden der Musik ähnelt oft der Sprache. Zum Beispiel wirkt auf viele Europäer eine echte chinesische Peking-Oper unharmonisch bis verstörend. „Das ist wie, wenn man die Menschen mit einer fremden Sprache beschallt, die sie nicht kennen: Es nervt nach einer Weile." Wer nicht mit den Regeln und Gesetzmäßigkeiten fremder Musik vertraut ist, kann damit nichts anfangen.

„Auch die damals neue Musik Ludwig van Beethovens wurde von Zeitgenossen als viel zu schroff und dissonant abgetan", sagt Koelsch. „Aber wenn man aus Beethoven sämtliche Dissonanzen herauskürzen würde, wären seine Stücke sterbenslangweilig."

Musik kann Schmerzen reduzieren.
Viele Neurowissenschaftler arbeiten daran, wie Musik als Therapie helfen kann. „Aber Musik funktioniert nicht wie eine Spritze, durch die man Glück injizieren kann", betont Koelsch. „So funktioniert unser Gehirn nicht, sonst könnte man jedem depressiven Patienten helfen. Musik ist aber ein tolles Mittel, eine ganze Menge an positiv wirkenden Neuronen wachzurufen und diejenigen Neuronen ruhig zu stellen, die dazu da sind, ein Glücksgefühl zu unterdrücken."
Koelsch hat beispielsweise nachgewiesen, dass bei Operationen unter Teilnarkose, Patienten

weniger Narkosemittel brauchen, wenn sie während der OP Musik hören.

„Dass Musik Schmerzen reduzieren kann und beruhigende Effekte hat, gehört zu den am besten erforschten Wirkungen", sagt der Neurowissenschaftler. „Heute dürfte kein Zahnarzt mehr böse sein, wenn sich ein Patient seine Musik mitbringt und sich während der Behandlung Ohrhörer einstöpselt." Eine Formel aber, wie viel Musik ein Mensch für ein glückliches Leben braucht, die gibt es nicht: „Das muss jeder für sich selbst herausfinden, was ihm wohltut", sagt Koelsch.

„Ich kann nur jeden ermuntern, dabei unterschiedliche Musik auszuprobieren und nicht immer nur ähnliches anzuhören."

Termine setzen (Freunde treffen)

Glück ist das Einzige das sich verdoppelt, wenn man es teilt.
Aus einem Glückskeks ☺

Freunde, soziale Kontakte sind so wichtig für uns. Immer wieder werden Treffen verschoben, da man ja so beschäftigt ist. Was ist denn wichtiger, als ein schönes Leben auf diesem Planeten zu haben?

Nun gibt es keine Ausreden mehr. Zwischen all den Verpflichtungen die in Deinem Kalender stehen, schreibst Du Dir nun die Verpflichtung in den Kalender, dass Du Deine Freunde triffst. Schreibe es wirklich hinein und halte Dich dann auch daran. Dies ist Deine „Quality Time" die Du mindestens einmal in der Woche haben solltest. Freunde hören Dir dann zu, wenn Du sie brauchst. Jetzt brauchen sie Dich. Sei einfach für sie da und habe Spaß mit ihnen.

Übung: Dankbarkeit

Der US-Wissenschaftler Shawn Achor beschreibt eine schöne Übung die mit Dankbarkeit zu tun hat und somit uns dazu bringen soll, optimistischer zu sein.

Über einen Zeitraum von 21 aufeinander-folgenden Tagen schreibst Du jeden Tag drei Dinge auf, für die Du dankbar bist.

Diese Übung geht in eine ähnliche Richtung wie das Glückstagebuch, dass Du führen sollst. Wobei das Glückstagebuch eine generelle und stetige Möglichkeit ist, Dir immer wieder aufzuzeigen, wie toll Dein Leben doch ist und diese Dankbarkeitsübung ein schöner Einstieg ist, der Dich auch noch wenig Zeit kostet.

Du merkst, dass viele Dinge in die gleiche Richtung gehen. Und während ich dieses Buch am schreiben bin und recherchiere merke ich erst wie viele Menschen sich mit diesem Thema beschäftigen. Wir Menschen haben einfach den tiefen Wunsch ein glückliches Leben zu führen. Jeder sollte glücklich sein, nur machen wir uns das Leben einfach manchmal selber zu schwer und verlieren die Dinge aus den Augen, bzw. aus unserem Bewusstsein. Es ist manchmal so einfach und doch so schwer.

„Das Einfache ist nicht immer das Beste,
aber das Beste ist immer einfach."
Heinrich Tessenow

Wieder beim Glückshormon Oxytocin angelangt, solltest Du Dir vornehmen, auch dankbar gegenüber anderen Menschen zu sein. Nehme Dir vor, mindestens einmal am Tag Deine Dankbarkeit jemand anderem gegenüber zu zeigen. Auf Dauer steckst Du Dein Umfeld mit dieser positiven Energie an.
Beantworte Dir mal selber die Frage. Wie ist das bei Dir, findest Du es schöner Geschenke zu bekommen, oder freust Du Dich mehr zu sehen, wie die andere Person reagiert, wenn Du ihr ein Geschenk gemacht hast? Die meisten Menschen beantworten diese Frage damit, dass sie Schenken schöner finden. Es ist einfach ein schönes Gefühl etwas Gutes zu tun, bzw. Dankbarkeit auszudrücken. Bedanke Dich einfach, mache Komplimente, schicke eine Mail oder einfach eine SMS in der Du das ausdrückst. Mit der Zeit wirst Du diese Übung dafür nicht mehr brauchen, ich denke Du wirst es ganz automatisch machen, weil Du einfach merken wirst, wie sich dein Umfeld angenehm verändert.

Was sind meine daraus resultierenden Ziele?

<u>Bewusst werden</u>

Lass nun alle Punkte noch einmal durch Deinen Kopf und Dein Herz gehen. Schaue was sich für Dich gut anfühlt und Du sagst, dass es zu Dir passt. Es ist wichtig Dir nun Termine zu machen, eine Verbindlichkeit herzustellen. Ob im Kalender oder elektronisch ist dabei völlig egal, sorge nur dafür dass Du daran erinnert wirst. Fange mit kleinen Schritten an und wenn sie sich für Dich gut anfühlen, dann versuche das Nächste. Irgendwann wird es zur Routine. Wahrscheinlich wirst Du noch nicht einmal merken, dass Du glücklicher bist, da es sich für Dich von Tag zu Tag normaler anfühlt. Aber glaube mir, Dein Umfeld wird es merken.
Und schließlich wirst auch Du merken, wie glücklich Du doch bist, wenn Du es nicht sogar immer schon warst.

<u>Es war schon immer in Dir</u>

Alles was Du erreichen, fühlen oder erleben willst, ist bereits in Dir. Du musst es nur aufwecken. Und nur Du selber entscheidest ob es wach wird. Du selber musst an Dich glauben und ohne Dich zu kennen, glaube ich an Dich, da ich weiß, dass es in jedem Menschen ist! Leider haben nur viele verlernt das Gute zu sehen. Spätestens jetzt, hast Du es auch wiedergefunden!

Spaß am Glück

Werde Dir bewusst, dass es nicht nur darum geht einfach nur glücklich zu sein. Dieses Glück bereitet Dir ein schöneres Leben.
Du wirst andere Menschen damit anstecken. Stelle Dir mal vor, alle Menschen hätten nun so eine Einstellung und wären so glücklich wie Du. Wäre die Welt dann nicht noch schöner? Also, fange Du damit an, und stecke andere an. So bist Du ein Teil davon, die Welt noch besser zu machen.

TUN

Wärst Du ein Roboter, würde ich jetzt einfach den „ON" Knopf drücken. Total easy! Du hast diesen Knopf auch und das Schöne daran ist, Du kannst ihn selber drücken. Komme ins Handeln. Tue es! Fange jetzt damit an. Das ist kein Rat. Wenn ich es könnte würde ich es Dir jetzt befehlen. Ich befehle Dir ab sofort glücklich zu sein!

Wie setze ich diese Ziele um?

Zum Umsetzen gibt es nicht mehr dazu zu sagen, wie bereits bisher. Fange jetzt an, mache Dir Termine und habe einfach Spaß daran. Die 21 Tage Regel besagt, dass man mindestens 21 Tage braucht, um sich auf neue Gewohnheiten einzustellen. Das heißt nicht, dass es danach automatisch läuft, zumindest bist Du aber dann auf einem guten Weg und hast die erste Hürde überwunden. Ich möchte Glück auch nicht als eine Aufgabe darstellen, die Du nach gewissen Übungen Tag für Tag abhaken kannst. So funktioniert Glück nicht.

Es geht vielmehr darum neue Gewohnheiten in Dein Leben zu bringen, die Dir dabei helfen, mit mehr Leichtigkeit durchs Leben zu gehen.

Von diesen Gewohnheiten sprechen wir und wie heißt es so schön:

Der Weg ist das Ziel!
Konfuzius

Glücklich sein

Frage Dich, welchen Vorteil Dein neuer Zustand hat?

Wie wir mit uns selber sprechen, hat eine unheimliche Auswirkung auf die Qualität unseres Lebens. Es ist wichtig uns die richtigen Fragen zu stellen.

Falsch wäre es z. B. zu fragen: „Warum nur bin ich in dieser Situation?" „Warum nur sind alle gegen mich?"

Richtig wäre es zu fragen: „Was muss ich tun, um das Problem zu lösen?" „Was ist der nächste Schritt, um die Situation zu verändern?"

Solche Fragen sind absolut kraftvoll, beschäftigen Dein Unterbewusstsein und helfen Dir lösungsorientiert vorzugehen.

Genauso eine Frage ist auch: „Welchen Vorteil hat Dein neuer Zustand?"

Ich möchte diese Frage nicht für Dich beantworten. Nimm Dir nun ein paar Minuten

Zeit und beatworte Dir, was Dein neuer Zustand positives in Dein Leben bringt.
Auch hier bin ich wieder ein Fan davon, es aufzuschreiben. So ist es fast alles würdest Du eine Vereinbarung mit Dir selber treffen.

_____

_____

_____

_____

_____

_____

_____

_____

_____

_____

_____

_____

_____

_____

_____

_____

Was würdest Du verlieren, wenn Du diesen Zustand von Glück nicht mehr hättest?

Problemkompetenz heißt Lösungskompetenz. Sich darüber bewusst zu sein was man alles verlieren könnte und sich dem ab und an auch bewusst zu werden, ist eine gute Sache an dem festzuhalten was man erlangt hat und es auch nicht mehr loszulassen.

Um es bewusster zu machen schreibe Dir auch hier wieder auf, was Du alles verlieren würdest.

_____

_____

_____

_____

_____

_____

_____

_____

_____

_____

_____

_____

Wie schaffst Du es, all das in Dir zu behalten?

Gehe anfangs ganz pragmatisch vor. Mache Dir To-Do Listen, integriere Übungen oder Gewohnheiten in Dein Leben. Wie schon vorher erwähnt, mache all das, was zu Dir passt. Anfangs kommt Dir vielleicht das ein oder andere etwas „plastisch" vor, mit der Zeit geht es aber in Dein Herz über und es wird ganz normal. Und wenn es dann normal ist, ist es ein Teil von Dir geworden. Dies ist einfach Dein Weg zum Glück!

Wie geht es Anderen mit meinem neuen Zustand?

In erster Linie geht es hier um Dich!
Wenn Du schon mal geflogen bist, so kennst Du das sicherlich aus den Sicherheitshinweisen?! Bei einem Druckabfall soll man zuerst sich selber die Atemschutzmaske aufziehen und dann anderen Personen. Der Hintergrund ist der, dass wenn man versucht der anderen Person zuerst die Maske aufzuziehen, es bei dem Vorgang schon eng mit der Luft werden kann. Hat man sich selber erst einmal versorgt, so ist gewährleistet, dass man auch andere versorgen kann. Genauso ist es im Leben. Wenn Du

glücklich bist, wirst Du auch andere mit Deinem Glück anstecken oder ihnen vielleicht dabei helfen glücklich zu werden. Du weißt ja nun wie es funktioniert!

Wie reagiere ich, wenn mir einer diesen Zustand „nehmen" will?

Wie immer im Leben gibt es Menschen, die einem das nicht gönnen was man hat. Sie reden es schlecht oder tun so als ob es komisch wäre. Das sind sehr traurige Menschen, die eigentlich nur nach Hilfe schreien, weil sie selber nicht bemerkt werden. Höre hier einfach auf Dein Herz. Sei nicht sauer auf diese Personen, sondern erkenne einfach dass es ein Hilferuf ist.

DU bist auf dem richtigen Weg! Es ist Dein Weg und nur Du entscheidest wie er verläuft!

Die Glücksformel

Nachdem ich mich nun schon sehr lange mit dem Glück beschäftige und auch viel dazu von anderen Menschen gehört, gelesen und auch ausprobiert habe, kam mir eines Tages die Idee, ob es, wie es ja bei so vielen Dingen im Leben ist, eine Weisheit, eine Regel oder eine Formel dafür gibt, wie jeder ganz schnell glücklich werden kann.

Ich habe Dir ja bisher verschieden Dinge in diesem Buch aufgeführt, die dazu führen, dass Du Deine Einstellung veränderst und somit auch glücklicher wirst. Ich fragte mich aber nun, geht das auch noch schneller. Ja, wenn Du Dich einfach in dem Moment dazu entscheidest. Ich machte auf einem Seminar von Tony Robbins eine Übung dazu, in der wir durch die Anker-Technik, die ich hier auch beschrieben habe, lernten, von der einen auf die andere Sekunde in einen glücklichen, energiegeladenen Zustand zu kommen, egal wie man sich vorher fühlte. Das ist absolut magisch. Trotzdem wollte ich gerne eine generelle Aussage über Glück treffen können.

Wenn man nach Antworten sucht, kommt sie dann auch eines Tages wirklich. Für mich war es so, wenn ich beschreiben müsste, welche Bestandteile Glück hat, dann sind das für mich zwei ganz klare Zustände - Leidenschaft und im Moment sein!

Daher lautet meine Glücksformel:

Jetzt + Leidenschaft = Glück

Ich möchte Dir das nochmal kurz erläutern.
Erinnere Dich an die spielenden Kinder im Sandkasten. Sie sind absolut in dem Moment, haben Klarheit und den Fokus auf das was sie in diesem Moment spielen. Sie erfüllen dieses auch mit absoluter Leidenschaft, sie wollen es und nichts in der Welt ist in diesem Moment wichtiger als das Spielen, sie brennen quasi dafür.

Drehen wir das Spiel mal um. Wären sie auch glücklich, wenn sie dafür Leidenschaft hätten und ihre Mama sie aber damit ablenken würde, dass sie sich nicht so schmutzig machen sollen und sie somit ständig damit stört. So wäre nur der Faktor Leidenschaft erfüllt, sie würden aber ständig aus dem Jetzt geholt.

Oder sie wären aber absolut bei der Sache und dem Spiel, also im Jetzt, hätten aber eigentlich gar keine Lust dazu. Hier fehlt der Faktor Leidenschaft, nach dem Motto, ich habe aber gar keine Lust zu spielen.

Du merkst, es braucht beides. Umso klarer und leidenschaftlicher man ist, desto größer wird das Gefühl und der Zustand des Glücks.

Ich bin glücklich

Nun stelle Dir einen Waldweg vor, der bisher noch nie betreten wurde. Du siehst hohe Gräser, Äste hineinragen, Steine und andere kleine Hindernisse. Du möchtest diesen Weg aber unbedingt gehen. Du kämpfst Dich durch dieses Gestrüpp. Es fällt Dir nicht leicht, aber Du schaffst es und kommst auf der anderen Seite, bei Deinem Ziel an. Nun gehst Du diesen Weg auch wieder zurück und es fällt dir schon ein kleines bisschen leichter, da Du den ein oder anderen Stein bereits bei Deinem ersten Spaziergang aus dem Weg geräumt hast. Was passiert, wenn Du diesen Weg nun einige Wochen nicht mehr gehst? Genau! Er wächst wieder zu und es wird die wieder so schwer wie beim ersten Mal fallen, ihn zu gehen. Gehst Du ihn aber wieder und wieder, so entsteht ein richtiger Weg, bei dem es Dir total leicht fällt, an Dein Ziel auf der anderen Seite zu kommen .

Genauso verhält es sich mit Deinem Gehirn. Umso öfter Du die Aufgaben aus diesem Buch machst, verinnerlichst oder sie ein Teil in Deinem Leben werden, umso stärker wird die neuronale Verbindung (Dein Waldweg) in Deinem Gehirn. Es wird Dir leichter fallen, von Mal zu Mal.

Ich hatte es bereits erwähnt, es geht nicht darum nur noch positiv zu denken, sondern einfach seine eigenen Gefühle und Stimmungen wahrzunehmen. Negative Gefühle auch zu bemerken und zu wissen „Ja, ich bin jetzt schlecht drauf." Das ist auch eine Kunst, das zu spüren. Die meisten Menschen bemerken nicht einmal wie sie gerade in dem Moment zu sich oder ihrer Umwelt sind. Du hast aber nun gelernt, wie Du all diese Gefühle wahrnehmen kannst und wie Du sie dann für Dich so veränderst, dass Du glücklicher wirst.

Ich hörte vor einigen Wochen eine interessante Geschichte. Eine Freundin erzählte mir von ihrem letzten Urlaub in Thailand. Und jetzt wissen wir ja, dass man in den asiatischen Ländern oft sehr bescheiden ist und sich selber nicht so in den Mittelpunkt drängt. Sie erzählte mir von einem Mann den sie wohl dort bei ihren Einkäufen kennengelernt hatte. Er trug ein T-Shirt mit dem Aufdruck „i am the best" – also so was wie „Ich bin der Größte". Sie sprach ihn an und fragte ihn, ob er sich darüber bewusst sei, was er damit ausdrücken würde. Er beantwortete die Frage mit „Ja, natürlich". Sie sagte ihm dann, dass es bei ihr komische Gefühle auslösen würde, wenn jemand mit so einem provozierenden Spruch herumlaufen würde, der ja andere Menschen eher klein machen würde, zudem in einem Land, in dem es auch eher untypisch ist. Er sagte darauf wohl sowas wie: „ Nein, genau das Gegenteil ist der Fall. Diese Aussage auf meinem T-Shirt ist mein Standard. Was machen Menschen, die der Größte sind? Sie sind groß zu anderen Menschen, sie sind nett, sie helfen anderen. Große Menschen verändern die Welt zum Guten. Und wenn der Spruch auf meinem T-Shirt das aussagt, dann muss ich diese Rolle erfüllen. Es ist meine Pflicht."

Tue so als ob, diese Übung hat er so auf seine eigene Weise interpretiert.

Du solltest Dir zwei Fragen jeden Tag stellen und diese dann auch erfüllen:

Was will ich für ein Mensch sein?
Wozu möchte ich dieses Leben nutzen?

Die Energie folgt der Aufmerksamkeit. Richtest Du Deine Aufmerksamkeit auf den Menschen der du gerne sein willst, dann wirst Du zu diesem Menschen. Werde Dir also bewusst darüber, wie Du sein möchtest.

Zum Schluss möchte ich Dir noch eine buddhistische Weisheit mit auf den Weg geben. Die so einfach ist, aber eine große Wirkung hat:

Fokus – Bringe die Dinge zu Ende und folge dabei Deiner Leidenschaft und Deinem Herzen!

Sei gelassen – nimm die Dinge und auch Dich selber nicht zu wichtig!

„In der Ruhe liegt die Kraft" – Glück lässt sich nicht mit Eile einfangen, manchmal muss man Umwege gehen!

Ich wünsche Dir von ganzem Herzen, dass Du Dein Glück findest und ich hoffe, ich habe Dir dabei ein kleines bisschen geholfen!
Mit Diesen Worten möchte ich mich vorerst von Dir verabschieden und auch wenn wir uns bisher persönlich nicht kennengelernt haben, so bin ich fest davon überzeugt, dass sich unsere Wege nicht ohne Grund gekreuzt haben. Ich würde mich freuen, wenn Du mir vielleicht irgendwann mal schreibst und mir dann sagen kannst, dass dieses Buch zu Deinem Glück beigetragen hat.

VIEL GLÜCK und bis bald!

Zeitfracht Medien GmbH
Ferdinand-Jühlke-Straße 7
99095 Erfurt, Deutschland
produktsicherheit@kolibri360.de